# Von Cowboys und meinem ganz persönlichen Helden

AF191841

**Das Buch:**

Was ist Amerika? Das Land der Indianer, der Cowboys und des Fast Food. Geprägt von Einwanderern aus der ganzen Welt hat sich eine kurze, aber bewegte Geschichte entwickelt.

Die Menschen sind stolz auf ihr Land und legen viel Wert auf ihre nationale Identität.

Angesteckt mit dem Amerika – Virus, der sich rasend schnell in mir ausgebreitet hat, habe ich mich durch die Werbung für eine Leserreise. Gemeinsam mit meinem Mann habe ich viele Gebiete dieses riesigen Landes bereist und unendlich viel gesehen und erlebt.

Ich möchte Ihnen einige Erlebnisse von unseren schönsten Reisen erzählen, einiges über die Geschichte berichten und Ihnen auch allgemeine Informationen über die USA geben.

**Die Autorin**

Patti Oberkehr, 1966 in Erlenbach am Main geboren, hat mit diesem Reisebericht ihren großen Wunsch, einmal ein Buch zu schreiben, verwirklicht. Nach einem Fernstudium mit dem Thema „Kreativ schreiben" hat sie zwei Jahre daran gearbeitet, ihre Träume von Amerika zu Papier zu bringen.

# Patti Oberkehr

# Von Cowboys und meinem ganz persönlichen Helden

## Reisebericht USA

Bibliografische Information der Deutschen Bibliothek:
Die Deutsche Bibliothek verzeichnet diese Publikation in der Deutschen
Nationalbibliografie; detaillierte Daten sind im Internet über
<http://dnb.ddb.de> abrufbar.


© 2005 Patti Oberkehr
Herstellung und Verlag: Books on Demand GmbH, Norderstedt
ISBN 3-8334-3077-X

Folgende Wahrheiten erachten wir als selbstverständlich:
Dass alle Menschen gleich geschaffen sind;
Dass sie von ihrem Schöpfer mit gewissen unveräußerlichen Rechten
ausgestattet sind;
Dass dazu Leben, Freiheit und das Streben nach Glück gehören …

*(aus der Amerikanischen Unabhängigkeitserklärung vom 4. Juli 1776)*


America is best described by one word: freedom
Amerika kann am besten mit einem Wort beschrieben werden:
Freiheit

*(Dwight D. Eisenhower)*


America is too great for small dreams

Amerika ist zu groß für kleine Träume

*(Ronald W. Reagan)*

# Inhalt

# Vorwort

Am 11. September 2001 wurden zwei von Attentätern entführte Passagierflugzeuge in die Türme des World Trade Centers in New York City und eines in das Pentagon in Washington gesteuert. Beherzte und mutige Passagiere brachten ein viertes entführtes Flugzeug zum Absturz und retteten so vielen anderen das Leben.

Diese feigen und brutalen Anschläge erschütterten die Welt und versetzten die Menschen in Trauer. Sie zeigten aber auch, dass die Menschen aller Nationen in Krisenzeiten zusammenwachsen können.

Dieses Buch ist allen Opfern gewidmet, allen Überlebenden, allen Angehörigen, allen Helfern und allen, die auf irgendeine Weise von diesen Ereignissen betroffen waren und sind.

Wenn Sie die Vereinigten Staaten von Amerika nur von den Berichten des 11. September, von schrecklichen Nachrichten über Schießereien in Schulen und ähnlichem kennen, möchte ich Ihnen mit diesem Buch erzählen, wie schön dieses Land ist.

Wenn Sie aber zu denjenigen gehören, die wie ich zum Amerika-Fan geworden sind, können Sie mein Fernweh und meinen Wunsch, immer wieder dorthin zu fahren, sicher verstehen: zu den atemberaubenden Landschaften und Naturwundern genauso wie zu den von überschwänglichem Nationalstolz und überaus herzlicher Gastfreundlichkeit geprägten Menschen dieser Nation.

All das hat bewirkt, dass ich seit unserer ersten Reise vom »amerikanischen Traum« wie besessen bin.

Vielleicht singen Sie ja genauso wie ich »Star Spangled Banner«, die Nationalhymne der USA, unter der Dusche und können von der deutschen den Text nicht – dann brauche ich Ihnen sowieso nichts mehr vorzuschwärmen.

# Howdy

Haben Sie auch immer gedacht, dass Ihr Englisch ganz brauchbar ist? Dann hätten Sie bestimmt nicht so ratlos vor dem Cowboy gestanden, der ganz höflich grüßte, wie die Amerikaner nun mal sind, und zwei verblüffte Touristen zurückließ.

Groß, mit Cowboyhut, Stiefeln und Jeans, in denen die dazugehörigen O-Beine steckten, so stand er vor mir. Er lachte uns aus seinem vom Wetter gegerbten Gesicht sehr freundlich an, tippte mit dem Zeigefinger an die Hutkrempe und ging weiter.

Der erste Eindruck meines Traumzieles war frappierend.

Vor meinem inneren Auge lief dieser Cowboy, die untergehende Sonne im Rücken, durch die Straße der alten Westernstadt. Breitbeinig bleibt er vor dem Saloon stehen. Die Hand dicht am Colt, der in der Sonne glänzt. Ich kann die Kerben am Knauf sehen. Dieser verwegene Held hatte schon mehr als einen Gegner niedergestreckt. Die Schwingtür des Saloons bewegt sich und quietscht im Wind. In der Ferne wiehert ein Pferd und der Wind weht kleine Staubwirbel über die Straße. Aus dem Saloon kommt der Lärm von betrunkenen Cowboys und Klaviermusik.

An der Stelle rempelte mich ein Passant an und riss mich aus meinem Tagtraum. Ich war wieder zurück in der Wirklichkeit.

Wir fanden erst nach einer ganzen Weile heraus, dass das »Howdy« eigentlich »How do you do« bedeuten sollte.

# Wie alles begann

Es war, wie wenn ein Blitz in einen trockenen Baum einschlägt, der sofort lodernd Feuer fängt. An einem Samstag, nach einer mehrstündigen »Wohnungsputzorgie«, hatte ich es mir gerade in meinem Fernsehsessel bequem gemacht und die Tageszeitung aufgeschlagen, als mir eine Anzeige für eine Leserrundreise in die USA ins Auge sprang.

Der Blitz hatte wirklich eingeschlagen: ein Urlaub »über den großen Teich« – an nichts anderes konnte ich mehr denken.

Die Seite aus der Zeitung habe ich vor dem Altpapier gerettet und gut sichtbar aufgehängt. Mein Mann sollte ständig daran erinnert werden, wo ich meinen nächsten Urlaub zu verbringen gedachte.

Karten, Prospekte und alles mögliche andere Informationsmaterial stapelten sich in unserem Wohnzimmer. Jetzt endlich war auch mein Mann Feuer und Flamme.

Freunde und Bekannte, die schon mal »drüben« waren, gaben uns massenhaft gut gemeinte Tipps. Die Dinge kamen ins Rollen und wurden konkreter.

Waren alle genauso verrückt wie wir, oder bildete ich mir das nur ein? Um alle Ratschläge befolgen zu können, sollte ich diese und zukünftige Reiseplanungen wohl zu einer Lebensaufgabe machen.

Na ja, was soll's, mein Mann machte auf jeden Fall ernsthaft Pläne, wie Christopher Columbus Amerika noch einmal neu zu entdecken. Typisch Männer, sie denken sofort an das große Abenteuer im unentdeckten Land, wilde Tiere, Indianer und Überleben in der Wildnis, wenn wir Frauen von einer voll organisierten Reise mit Reiseführer in die Zivilisation sprechen.

Einmal die Route 66 auf den Spuren der Abenteurer und Pioniere fahren! Wie ein echter Cowboy in einen Saloon gehen und einen Whiskey bestellen! In einem typisch amerikanischen Schlitten (Übersetzung: Auto) über einen endlosen Highway in den Sonnenuntergang fahren!

Den Tag schon mit einem herrlich ungesunden Frühstück, bestehend aus Pancakes mit Ahornsirup und Blaubeeren oder, was mein Mann bevorzugt, aus einem Berg von Eiern, Speck und Bratkartoffeln beginnen.

Den »American way of Life« erleben und Orte besuchen, die ich aus unzähligen Filmen kenne, das war meine Vorstellung von unendlicher Weite und Freiheit. In meinen kühnsten Träumen hätte ich nicht daran gedacht, dass das so schnell in Erfüllung gehen sollte.

Es gibt so vieles, was wir am liebsten alles auf einmal anschauen wollten. So, wie die Amerikaner in drei Tagen durchs Abendland reisen, dachte ich an Amerika in vierzehn Tagen.

Trotzdem wollten wir verhindern, ein genauso verzerrtes Bild der USA zu bekommen, wie die Amerikaner es von uns Deutschen haben: Wein in der Rüdesheimer Drosselgasse, Romantik am Heidelberger Schloss, Bier im Hofbräuhaus und Kultur im Schloss Neuschwanstein – that is good old Germany, isn't it? Der durchschnittliche Amerikaner denkt ja auch, alle Deutschen tragen Dirndl und Lederhose und essen nur Sauerkraut und Knödel.

Wir fingen damit an Entfernungen nachzuschlagen und Fahrzeiten auszurechnen. Es ist unmöglich, alles in einem Urlaub anzuschauen, das war sehr schnell klar. Ich wusste ja, dass Amerika groß ist, aber für diese Ausmaße hat mein vom kleinen Europa geprägtes Vorstellungsvermögen nicht ausgereicht. Wir mussten uns für ein Gebiet entscheiden.

Die erste Reise sollte eine Busrundreise sein, da waren wir uns sicher. Jeder fängt mal klein an!

Nach Stunden – angefüllt mit Katalog- und Reiseführerstudium und hitzigen Diskussionen – haben wir letztendlich doch eine Möglichkeit gefunden, unserer beider Vorstellungen von Amerika unter einen Hut zu bekommen.

Da Holger, so heißt mein Mann, immer noch nicht von seinem Traum vom großen Abenteuer und vom unentdeckten Land lassen wollte, er aber doch akzeptieren musste, dass dieser sich heutzutage nicht mehr so einfach verwirklichen lässt, war er bereit, sich nun doch auf das Abenteuer Großstadt einlassen.

Nach New York City wollten wir beide, wenigstens darüber waren wir uns schnell einig.

In die Stadt der Lichtreklamen, des ständig brodelnden, hektischen Menschengewimmels, des Times Square und des Broadway.

In die Stadt, die eben niemals schläft, wie es immer so schön heißt – ein Anfang war gefunden.

Damit war der Grundstein für alle unsere zukünftigen Trips »über den großen Teich« gelegt, das Amerika–Fieber hatte uns gepackt. Auf jedem zukünftigen Rückflug fing ich schon wieder an, zu überlegen, wohin ich als nächstes wollte.

Seit der ersten Reise hat uns dieses Land immer wieder wie magisch angezogen.

Auch andere Reisende, mit denen wir unsere Erfahrungen austauschten, haben über dieses seltsame Phänomen berichtet. Entweder man liebt Amerika oder man fährt nie wieder hin.

Auf den nächsten Seiten habe ich drei verschiedene Reisen an die Ostküste und in die Südstaaten wild durcheinander gewürfelt.

Ich wollte damit natürlich niemanden verwirren, aber es passt so einfach besser und lässt sich leichter erzählen. Also wundern Sie sich bitte nicht, wenn wir mal mit dem Bus und mal mit dem Auto unterwegs sind. Manchmal hört es sich vielleicht auch so an, als wären wir eine Woche lang irgendwo gewesen. Das liegt nur daran, dass wir zwei- oder sogar dreimal auf verschiedenen Touren dort waren.

Wir hatten schnell die perfekte Busrundreise gefunden und gebucht. Meine Vorstellungen von unserer ersten Amerika-Reise bezogen sich nämlich auch auf »Vom Winde verweht«, und Scarlett O'Hara ließ sich ganz einfach mit New York City verbinden.

Ich konnte es einfach nicht fassen: ich plante wirklich in diese Megacity zu fliegen! Nie im Leben hätte ich glaubt, wirklich mal in diese Stadt zu kommen.

Von New York City, wo wir drei Tagen bleiben wollten, sollte es immer die Ostküste entlang über Washington, vorbei an Philadelphia, durch North und South Carolina bis an den südlichsten Zipfel von Florida und den USA nach Key West gehen.

# The Big Apple

Am Anfang standen noch ein paar Pflichten auf dem Programm: die Reiseführer noch einmal lesen, Koffer packen, zum hundertsten Male nachschauen, ob auch das Ticket und die Reisepässe eingepackt, ob alle Fenster geschlossen waren und zum Schluss total aufgeregt ein Taxi zum Flughafen rufen. So fing unser Abenteuer an.

Am Flughafen angekommen hätte ich am liebsten laut gerufen: »Hey Leute, wir fliegen nach Amerika«. Habe ich aber nicht gemacht, wäre doch zu peinlich gewesen und es hätte sowieso niemanden interessiert. Macht auch nichts, wir flogen direkt nach New York, wo wir zum ersten Mal einen Fuß auf den Boden der »Neuen Welt« setzen sollten. Der Stadt, die für alles steht, was schräg, ausgeflippt und einzigartig ist.

Allein das zu erzählen, was wir dort alles erlebt und gesehen haben – Aufregendes, Kurioses und typisch Amerikanisches –würde sicherlich ein eigenes Buch füllen.

Eines mussten wir aber schnell feststellen: die eingeplanten drei Tage waren viel zu wenig, um auch nur das Allerwichtigste zu besichtigen. Wir konnten nur kurz hineinschnuppern. In dieser Stadt ist tatsächlich alles größer und »schöner«, genau wie es der Reiseführer versprochen hat. Es gibt nichts, was es nicht auch in New York gibt. Aber nicht alles, was am größten ist, ist auch schön.

Abgesehen von Macy's, dem größten Kaufhaus der Welt, bis zu der größten Dinosaurier-Ausstellung im Naturhistorischen Museum und einem Großteil der Wolkenkratzer gibt es aber viele Dinge, die nicht nur groß, sondern auch einzigartig und schön sind.

Diese Stadt ist abstoßend und hässlich, gleichzeitig aber auch faszinierend und schön. Man muss da gewesen sein, um sie zu lieben. New York kann man nicht beschreiben oder erklären, man muss diese Stadt selber erleben und fühlen.

Manhattan, das im Jahre 1626 für eine Hand voll Glasperlen und ein paar Werkzeuge von holländischen Einwanderern den dort lebenden Indianern vom Stamm der Mana Hatta abgekauft wurde, liegt auf dem gleichen Breitengrad wie Neapel. 57 qkm groß und mit heutzutage ca. 7 Millionen Einwohnern, 200 Wolkenkratzern, 130 Hochschulen, 400 Kinos und 150 Museen.

Es gibt genug Restaurants, um Leben lang jeden Abend woanders essen zu gehen.

In dieser Stadt leben die meisten Millionäre der USA, aber sie hat auch den höchsten Anteil an Arbeitslosen. Das lässt diese Glitzerwelt manchmal vergessen. Ich war entsetzt über die vielen Obdachlosen und Bettler, die oft nicht einmal Schuhe besitzen. Die Ärmsten der Armen, die von den Abfällen aus den Mülltonnen leben und ihr Hab und Gut auf dem Rücken tragen oder in Plastiktüten verstaut haben. An diesen Menschen ist der amerikanischen Traum spurlos vorbei gegangen. Bei den vielen Plastiktellern und Bestecken, die auf riesigen Müllhalden landen, frage ich mich sowieso, wie der Traum vom Tellerwäscher zum Millionär funktionieren soll.

Als Touristen, die mit der Vorstellung von Städten, die in Deutschland als groß gelten, in diese Stadt kamen, waren wir hoffnungslos überfordert. Naturburschen oder »Landeier« werden sich hier nur schwer wohlfühlen.

Wie wohl nirgendwo anders auf unserem Planeten gibt es ein buntes Gemisch an Sprachen, Religionen, Hautfarben und Nationalitäten. Hier leben mehr Iren als in Dublin, mehr Juden als in Tel Aviv und auch mehr Deutsche als zum Beispiel in Augsburg. Nahezu alle Religionen sind vertreten, die in ca. 3 500 Kirchen, Tempeln oder ähnlichem ausgeübt werden.

Der Times Square und natürlich der Broadway, ein alter Indianerpfad, der die größte Stadt der USA diagonal durchläuft, die luxuriösen Apartmenthäuser für die High Society rund um den Central Park – das alles war aufregend und spannend.

Es ist gar nicht so einfach, so ein Apartment zu bekommen. Nicht jeder, der einfach »nur reich« ist, ist willkommen. Die Hausgemeinschaft entscheidet, wer einziehen darf und wer nicht. Der gute Ruf ist entscheidend. Wenn man dem alten Adel angehört oder einen berühmten Namen hat, macht es die Sache natürlich leichter. Dass genug Geld vorhanden ist, wenn man sich für eine Wohnung dort interessiert, wird als selbstverständlich angesehen.

Nicht zu vergessen sind die riesigen, zum Teil über drei Stockwerke gehenden Souvenir-Shops, in denen es jede Menge Andenken und allen möglichen Kitsch zu kaufen gibt. Sie haben mich magisch angezogen.

Typisch Frau, wie Holger zu sagen pflegt. Es ist kaum vorstellbar, wie kitschig Kitsch sein kann. Aber wie wir noch öfter feststellen sollten, übertreffen sich die Amerikaner darin immer wieder selbst.

Als Holger mich dann endlich losreißen konnte, haben wir uns mit Stadtplan und Proviant bewaffnet auf Entdeckungstour gemacht, was bei einem 10 000 km langen Straßennetz allein auf Manhattan doch recht beschwerlich ist.

Zu unserem Glück entschieden 1811 die Verantwortlichen der Stadt, dass Avenues von Norden nach Süden verlaufen und abzweigende Straßen von Ost nach West nummeriert werden. Dadurch bilden die Straßen ein geometrisches Gittermuster und die Sehenswürdigkeiten sind auch für Greenhorns, wie wir welche sind, leicht zu finden.

Die Fifth Avenue ist die Hauptachse, die Manhattan in West und Ost teilt. Entsprechend sind auch die Adressen zusätzlich mit West und Ost angegeben.

Ein Muss war für uns das 1931 vollendete Empire State Building. Es hat 6 500 Fenster und 6 000 km Telefonleitungen – unvorstellbar. 73 Fahrstühle bringen die Personen in die verschiedensten Stockwerke.

Nicht jeder Fahrstuhl führt von unten bis ganz nach oben. Um auf die Aussichtsplattform in 381 m Höhe im 102. Stockwerk zu kommen, muss man im 86. Stock in einen anderen Fahrstuhl umsteigen. Die Spitze war einst als Ankerplatz für Zeppeline gedacht. Mir war sie allerdings besser bekannt aus der Endszene des Filmes King Kong.

Zu unserem Leidwesen hatten auch viele andere Touristen die Idee, die in allen Reiseführern als überwältigend beschriebene Aussicht zu genießen. Entsprechend lang waren deshalb die Schlangen vor den Aufzügen und es blieb uns nichts anderes übrig, als uns anzustellen in der Hoffnung, nicht den ganzen Vormittag in der Eingangshalle zu verbringen. Schließlich wollten wir ja hoch hinaus. Während wir nun überraschend schnell immer näher an den Aufzug herankamen, konnte ich erstmals eine Eigenschaft bewundern, die die Amerikaner uns Deutschen deutlich voraushaben. Kein Schieben, Drängeln oder Meckern. Jeder wartete friedlich und gottergeben, bis er an der Reihe war. Wir konnten uns mit dem Kassierer über unsere Erlebnisse in dieser Stadt und die Sehenswürdigkeiten unterhalten, ohne dass irgend jemand in der Schlange hinter uns gemeckert hätte. Und das in dem hektischen New York! Wir wurden schnell als Deutsche erkannt und haben sofort Interesse geweckt. Woher wir aus Deutschland kommen, wollten die Menschen um uns herum wissen, und wie lange wir in den USA bleiben wollten. Unsere Reiseroute wurde kritisch diskutiert und als gut befunden. Durch die Disziplin, die netten Gespräche oder auch, weil die zwei Aufzüge, die wir benutzen mussten, die 102 Stockwerke schneller als erwartet zurücklegten, standen wir urplötzlich in Schwindel erregender Höhe – einer Höhe, in der man das Gefühl hat, bis auf die andere Seite der Welt schauen zu können. Zumindest, wenn man noch nie auf so einem hohen Gebäude war und zudem unter Höhenangst leidet. Der Ausblick war einfach überwältigend, der Reiseführer hatte nicht gelogen.

Wider Erwarten gab es an diesem Tag keinen Smog und der wolkenlose blaue Himmel sorgte für eine Fernsicht bis an den Horizont. Der Blick von oben auf die Straßen und die vielen Autos, klein wie Spielzeuge, war einfach atemberaubend. So weit das Auge reichte Straßenschluchten, Hochhäuser und immer wieder kleine Grünanlagen und der riesige Central Park. Auf der anderen Seite des East Rivers konnte man bis nach Queens und Brooklyn und über den Hudson River bis nach New Jersey sehen. Selbst die Freiheitsstatue sah aus dieser Höhe nur noch streichholzgroß aus.

Bei einem späteren Besuch in New York waren wir noch einmal bei Nacht oben. Was wir sahen, war absolut einmalig: das nächtliche Manhattan, in dem die Wolkenkratzer wie »extravagante Stecknadeln, die auf einem bereits voll besetzten Kissen in die Höhe ragen«, wie ein gewisser Henry James 1870 schrieb.

Wieder zurück auf der Straße, zwischen hetzenden Menschen, endlosen Schlangen von Millionen gelber Taxis (na ja, vielleicht ein bisschen übertrieben, aber Tausende waren es bestimmt), mussten wir uns entscheiden, welche der vielen Sehenswürdigkeiten wir als Nächstes erobern wollten.

Da uns mehrfach empfohlen wurde, mit der Fähre nach Staten Island zu fahren, machten wir uns auf den Weg in Richtung der äußersten Südspitze von Manhattan zum Batteriepark und zur Abfahrtstation der Fähre. Dazu mussten wir aber erst mal einen Token besorgen, das ist eine Münze, die man für den Zutritt für die U-Bahn-Station und als Fahrgeld braucht, und aufpassen, an einem endlos langen Bahnsteig nicht in die falsche U-Bahn einzusteigen.

Nach diesem kleinen Abenteuer standen wir dann im Batteriepark. Dies ist die halbrunde Spitze von Manhattan. Ein Park mit Pfaden, Denkmälern und dem Castle Clinton, das man 1812 in Voraussicht des Krieges erbaut hat. Heute beherbergt es ein Museum. Weiter östlich vom Batteriepark haben wir dann auch die Abfahrtstation »Staten Island Ferry« gefunden.

Auf der Fähre mussten wir erstaunt feststellen, dass kein Fahrgeld verlangt wurde. Trotz des ständigen schlechten Gefühls, schließlich doch beim Schwarzfahren erwischt zu werden, haben wir die Fahrt genossen. Wir kamen ganz nah an der Freiheitsstatue vorbei und hatten einen sagenhaften Blick auf die Südspitze von Manhattan mit dem Batteriepark und dem Finanzdistrikt.

Auf der Rückfahrt wurde ein halber Dollar für die Hin- und Rückfahrt verlangt und wir konnten endlich unser schlechtes Gewissen wegen des Schwarzfahrens los werden. Die Fähre wird täglich von tausenden Pendlern genutzt, die von Staten Island nach Manhattan zur Arbeit kommen. Das erklärt auch den eigentlich schon fast lächerlich niedrigen Preis. Fast umsonst, wenn man bedenkt, wie viel derselbe Blick auf Manhattan von einem Ausflugsschiff aus kostet.

Selber schuld, wer zu viel bezahlt. Da die Fähre sehr nahe an der Freiheitsstatue vorbeifährt, hat man auch einen guten Blick auf das mit Grünspan besetzte Faltengewand der 225 t schweren Dame. Das 46 m hohe Stahlgerüst wurde von Gustave Eiffel konstruiert, dem Schöpfer des Eiffelturms. Jeder der Strahlen in ihrem Diadem steht für eines der sieben Weltmeere. Sie wurde 1886 als Geschenk der französischen Regierung zur Huldigung an die Errungenschaften des technischen Zeitalters erbaut. Die kleine Insel, auf der »Miss Liberty« zu Hause ist, liegt in der Mündung des Hudson-Rivers. Mit erhobener Fackel begrüßt sie alle einfahrenden Schiffe und war für viele Einwanderer die Schwelle zwischen Wirklichkeit und Traum.

Ein Aufzug führt bis in das 10. Stockwerk. Bis zu den Fenstern in der Krone windet sich über 22 Stockwerke eine beschwerliche Wendeltreppe nach oben. Da für die Überfahrt vom Batteriepark zur Statue of Liberty mit einer Wartezeit von zwei bis drei Stunden zu rechnen ist, hatten wir uns entschieden, auf einen Besuch der gewichtigen Dame zu verzichten, auch wenn diese größer ist als der Koloss von Rhodos.

Genau wie wir bestaunten Ende des 19. Jahrhunderts Einwanderer aus Tausenden von überfüllten Schiffen die Statue und die Skyline der Stadt. Sie waren auf dem Weg nach Ellis Island, der im Hudson River gelegenen Insel, mit dem 1892 eröffneten Einwanderungszentrum. Sie war für rund 17 Millionen Menschen das Tor zum »Gelobten Land«. Sie mussten sich einer Aufnahmeprozedur unterziehen, bei der Kranke und Schwache aussortiert und sofort nach Europa zurückgeschickt wurden. Viele starben bei dem Versuch, schwimmend Manhattan doch noch zu erreichen. Andere nahmen sich aus lauter Verzweiflung das Leben.

Deshalb trägt die »Insel der Hoffnung« auch den Namen »Insel der Tränen«.

Im Laufe von 60 Jahre kamen über 16 Millionen Einwanderer auf diesem Weg in die USA, um für sich und ihre Nachkommen eine bessere Zukunft zu finden. 40 % der heutigen Bevölkerung sind Nachfahren dieser Einwanderer.

Damals vervierfachte sich die Einwohnerzahl von New York. Aus Irland war etwa ein Viertel der Einwohner nach Amerika ausgewandert. Auch eine halbe Million Deutsche flüchteten aus ihrer Heimat in ein vermeintlich besseres Leben.

Wir hatten es da doch erheblich einfacher und konnten in Ruhe den herrlichen Blick auf Manhattan, die Freiheitsstatue und Ellis Island genießen.

Auch die Wallstreet findet man hier unten, wenn man sich nicht scheut zu suchen. Sie ist eine der engsten Straßen der Stadt und total unscheinbar. Der Straßenbelag ist voll mit Schlaglöchern und die Hochhäuser sind grau und trist. Sie spiegelt auf keinen Fall die Wichtigkeit wieder, die sie für die Finanzmärkte der ganzen Welt spielt, und auch die Börse ist nicht sofort als diese zu erkennen.

In der gleichen Straße befindet sich das Gerichtsgebäude, auf dessen Stufen George Washington als erster Präsident der Vereinigten Staaten von Amerika vereidigt wurde.

Völlig am Ende und mit wunden Füßen hatten wir noch das viel beschriebene Nachtleben vor uns. Natürlich wollten wir uns nicht hineinstürzen, ohne vorher noch mal bei Macy's, dem größten Kaufhaus der Welt, vorbeizuschauen. Shopping geht seltsamerweise immer noch, auch mit wunden Füßen – typisch Frau, musste Holger schon wieder mal feststellen.

Ich habe doch tatsächlich eine geschlagene Stunde gebraucht, nur um einmal durch jedes Stockwerk zu laufen. An Stehen bleiben oder Anprobieren war gar nicht zu denken. Das Gebäude liegt genau zwischen zwei Avenues und erstreckt sich über mehrere Blocks. Einfach gigantisch. Die noch vorhandenen tollen alten Bohlenfußböden und die original hölzernen Rolltreppen sind auf jeden Fall einen Spaziergang durch das Kaufhaus wert.

Nachdem nun an Weiterlaufen wirklich nicht mehr zu denken war, da sich die Beine und Füße einfach weigerten, machten wir uns auf in Richtung Times Square. Ein Musical anschauen und die Füße ausruhen – das wäre jetzt genau das richtige, dachten wir jedenfalls.

Nur, wie entscheidet man sich, wenn man über 30 Musicals zur Auswahl hat. Irgendwie schafften wir auch das und sind dann total übermüdet in einem Theater gelandet.

An jeder Abendkasse kann man noch Tickets kaufen und muss sie nicht wie in Deutschland Monate vorher reservieren. Übrigens zu Beträgen, die nur einen Bruchteil unserer Musical–Preise ausmachen. Da die Theater sehr klein sind, sind die Zuschauerplätze sehr steil über mehre Etagen verteilt. Wir hatten Karten in einer der obersten Reihen. Eine nette Dame am Eingang schickte uns über die Treppe hinauf. Schnaufend oben angekommen, wurden wir von einer anderen Dame erstaunt gefragt, warum wir gelaufen kämen, wo doch ein Aufzug vorhanden wäre.

Niemand kann sich vorstellen, wie toll es war, nach ca. 18 Stunden auf den Beinen und Jetlag irgendwann nach 2 Uhr morgens ins Bett zu fallen und sofort einzuschlafen – bis Sekunden später (ich hatte zumindest das Gefühl, es war nicht länger) am nächsten Morgen um 6 Uhr der Wecker klingelte und ein neuer aufregender und anstrengender Tag in New York begann.

Auch bei den späteren Besuchen in dieser Stadt hatten die Beine und Füße sehr zu leiden. Leider auch der Geldbeutel, da diese Stadt zum Shopping einfach zu perfekt ist. Die Luxusshops in der 5th Avenue sind für Normalverdiener nur zum Schaufensterbummel geeignet, aber es war schon ein tolles Gefühl, einmal bei Tiffany's, Cartier oder Dior, wie all die vielen anderen Touristen auch, durchs Schaufenster zu schauen und vom Luxus zu träumen.

Die besten Läden sind im Trump Tower, einem der prunkvollsten und neuesten Wolkenkratzer. In der Eingangshalle befinden sich ein 60 m hoher Wasserfall, gläserne Aufzüge und goldene Schaukästen. Die Inhaber der Geschäfte haben kein Problem, die eine Millionen Dollar teure Jahresmiete zu bezahlen. Ein Apartment kostet nur läppische 30 Millionen Dollar. Für viele Megareiche ist es eine Selbstverständlichkeit, dort eine Wohnung zu haben, auch wenn sie nur wenige Tage im Jahr wirklich darin verbringen.

In der Hoffnung, einem Schauspieler oder anderen Berühmten zu begegnen, die hierher angeblich immer zum Einkaufen kommen, habe ich ständig die Augen offen gehalten. Anscheinend war an diesem Tag gerade keiner von ihnen in Shopping-Laune, denn niemand ließ sich blicken. So hatten wir wenigstens noch Zeit, die vielen anderen Sehenswürdigkeiten und Dinge, die man sich einfach nicht entgehen lassen darf, zu besuchen:

das Rockefeller Center, in dem sich die NBC-Fernsehstudios befinden und vor dem an Weihnachten immer ein riesiger Weihnachtsbaum steht, der Madison Square Garden, bekannt durch große Konzerte und Tennismatches, und natürlich der Central Park.

Aufgrund der 50 km Fußwege kreuz und quer durch den Park hatten wir uns dann doch, auch um die Füße zu schonen, für eine Kutschfahrt entschieden, die sehr romantisch war. Der Park wurde bereits 1870 angelegt, ist 4 km lang und 800 m breit. Mit seinen 3 Seen, einer Eislaufbahn, 30 Tennisplätzen, Liegewiesen und sogar einem Zoo ist er die grüne Lunge und das Naherholungsgebiet der New Yorker.

»Patricia, komm schnell, der Hotelpage schaut gerade weg«, rief Holger, als wir vor einem der besten Hotels der Stadt standen. »Nix wie rein«, sagte ich und schon huschten wir am Pagen vorbei in die Hotelhalle des schon altehrwürdigen, luxuriösen Park Plaza Hotels, das direkt an der Südseite des Central Parks liegt. Dicke rote Teppiche, viel

Marmor, goldene Lüster an der Decke und überall Prunk und Pomp zeugen von Reichtum.

Gleich in der Nachbarschaft liegen einige andere Nobelherbergen, die leider für die Reisebudgets von uns Pauschaltouristen nicht in Frage kommen. Übernachtungspreise von 2 000 Dollar (das ist kein Schreibfehler) sind keine Seltenheit.

Auch »Grand Central Station«, der größte Bahnhof der Welt, ist es wert, erwähnt zu werden. Die Halle hat eine Kuppel wie eine Kathedrale. Von dort oben strahlen, durch zehntausend Lämpchen, die Tierkreiszeichen wie aus einem Sternenhimmel. Über dem Haupteingang befindet sich eine Uhr aus Tiffany – Glas, mit einem Durchmesser von immerhin vier Metern.

Der Bahnhof wurde vor ca. 100 Jahren erbaut, als das Reisen noch den Reichen vorbehalten war. In der Halle spielen Musiker, die durch einen jährlichen Wettbewerb unter den Straßenkünstlern ermittelt werden. Nur die Besten dürfen in der »Grand Central Station« spielen. Für alle Reisenden aus Deutschland, die ihr Heimweh nicht loswerden, gibt es hier auch einen deutschen Metzger mit dem – typisch amerikanischen – Namen »Knödel«, der bayerische Wurstspezialitäten verkauft.

Nach drei unvergesslichen Tagen in der Metropole zwischen Hudson und East River konnten wir nun endlich unsere erste Entdeckungstour durch Amerika mit dem Endziel Key West starten.

# Immer Richtung Süden

Und so standen wir morgens kurz nach Sonnenaufgang, verschlafen und aufgeregt, vor unserem Bus und hatten schon erste Kontakte zu den Mitreisenden geknüpft. Jeder hatte viel von den vergangenen drei Tagen zu erzählen. Habt ihr auch dies und jenes gesehen und seid ihr auch dort gewesen, so fingen alle Gespräche an.

Alles Organisatorische wurde geregelt, die Reiseleitung vorgestellt und dann konnte es endlich losgehen.

Alle, die schon mal eine Bus-Rundreise gemacht haben, kennen vielleicht die Abläufe am Morgen: 6 Uhr wecken, 7 Uhr Koffer vor die Tür, 8 Uhr Abfahrt und natürlich die eindringliche Ermahnung, immer pünktlich zu sein, da sonst der Bus warten muss.

In Philadelphia, nach New York die zweitgrößte Stadt der Ostküste, die 1682 von dem englischen Quäker William Penn gegründet wurde, hatten wir das erste Mal Gelegenheit, das zu tun, was wir immer versucht haben zu vermeiden: Als typische Touristengruppe liefen wir brav immer einem Reiseführer mit Regenschirm hinterher.

William Penn hatte es damals bestimmt nicht so einfach, das Gebiet, auf dem er die Kolonie gründen wollte, zu erkunden. Er hatte das Land von König Charles II als Ausgleich für die Schulden bei seinem Vater erhalten. Ihm schwebte eine Kolonie vor, in der jeder ungehindert seine Religion ausüben und so leben konnte, wie er wollte. Philadelphia ist griechisch und heißt übersetzt »Stadt der Brüderliebe«.

Hier haben wir auch unsere Kenntnisse der amerikanischen Geschichte auffrischen können, denn in Philadelphia ist Entscheidendes zum Thema Unabhängigkeit und Bürgerkrieg geschehen.

Am 4. Juli 1776 fanden sich die Vertreter der 13 abtrünnigen Kolonien zusammen, um die Unabhängigkeitserklärung zu unterschreiben und somit die Vereinigten Staaten zu gründen. Im Jahre 1787 wurde dann, im selben Raum der Town Hall, die Verfassung der Vereinigten Staaten entworfen und verabschiedet.

Die Park Ranger waren leider nicht so tolerant wie einst William Penn. Das Füttern der Eichhörnchen im Park rund um die Town Hall hat mir gleich einen Rüffel von genau so einem netten Herrn eingebracht. Nun weiß ich zumindest, dass man die zutraulichen Eichhörnchen in Amerika nicht füttern darf – schade.

Als Entschädigung dafür empfahl uns der Gesetzeshüter, die Unabhängigkeitshalle, das Tintenfass, das die Unterzeichner der Unabhängigkeitserklärung benutzt hatten, und den Sessel, in dem Georg Washington gesessen haben soll, zu besichtigen. Man habe alles so erhalten, wie es am Tag der Geburt der Vereinigten Staaten gewesen war. Das war ganz interessant und ich habe mir auch alles ehrfürchtig angesehen, aber ich hätte trotzdem lieber die Eichhörnchen gefüttert.

Leider mussten wir die zahmen Eichhörnchen und die strengen Park Ranger wieder verlassen, um bei einem Abstecher in das Hinterland von Philadelphia eine regelrechte Zeitreise zu unternehmen. Hier ist die Vergangenheit noch lange nicht vergangen.

Nur wenige Kilometer westlich von Philadelphia, einer modernen Stadt, lebt die konservativste und am wenigsten amerikanisierte Einwanderergruppe der USA. Hier, im Lancaster County, ist die Zeit stehen geblieben. Bereits 1863 wurde Germantown gegründet, das heute ein Stadtteil von Philadelphia ist.

In diesem Gebiet, dem Dutch Country zwischen dem Delaware und dem Susquehanna River, leben die Nachfahren der im 18. Jahrhundert aus dem Rheinland und der Pfalz ausgewanderten Menoniten. Wobei sich Dutch nicht von »holländisch« ableitet, was die eigentliche Übersetzung wäre, sonder von »deutsch«.

Pennsylvania Dutch heißt auch die Sprache, die die Amish untereinander sprechen. Sie ist aus uralten deutschen Dialekten entstanden, mit einem unverkennbaren Einfluss der »neuen Welt«. Es war für uns überraschend in diesem fernen Land auf Menschen zu stoßen, die sich in unserer Sprache unterhielten, obwohl wir mit den starken Pfälzer Dialekten so unsere Schwierigkeiten hatten.

Bei religiösen Handlungen sprechen die Amish ein Hochdeutsch, das aus dem 16. Jahrhundert stammt. Im Kontakt mit der restlichen Bevölkerung wird Englisch gesprochen.

Sie wurden wegen ihres Glaubens und ihrer demokratischen Lebenseinstellung in der Schweiz und in Deutschland verfolgt und vertrieben. Der damalige Papst hatte auch so seine Probleme mit ihnen, da sie ihn als Oberhaupt der katholischen Kirche ablehnten und die Erwachsenentaufe praktizierten.

Die Amish-Leute, die sich als konservative Gruppe unter der Führung von Jakob Amonn von den Menoniten getrennt hatten, leben hier streng gläubig nach althergebrachter traditioneller Lebensweise. Trotz aller Versuchungen, die von dem nicht gerade asketisch lebenden Rest der Mitbürger ausgehen, haben sie ihre kulturellen und religiösen Eigenheiten und ihre christlichen Prinzipien bewahrt.

Sie haben die Bibel zu ihrer einzigen Glaubensgrundlage gemacht. Harte, körperliche Arbeit bildet einen Hauptteil ihres täglichen Lebens. Was für ein Gegensatz zur Mehrheit der Bevölkerung, der sich eher durch Bequemlichkeit auszeichnet.

Jeder Fortschritt und jede Errungenschaft der modernen Technik wird als zu weltlich abgelehnt. Die Höfe sind weder an das Strom- noch das Gas- oder Telefonnetz angeschlossen.

Das Mitfahren in Autos oder Bussen und das Telefonieren ist allerdings nicht verboten, nur das Besitzen der dafür notwendigen Technik. Wenn das keine Doppelmoral ist!? Wofür hat man denn weltliche Nachbarn mit einem Telefon oder die öffentliche Telefonzelle direkt vor dem Haus?

In einigen Gruppen gibt es gasbetriebene Herde, Waschmaschinen und Kühlschränke. Die Frauen hatten wohl auch keine Lust mehr für die Großfamilie, meistens fünf und mehr Kinder, am Waschbrett zu stehen.

Natürlich haben sie auch keine Autos und betreiben die Landwirtschaft ohne den Einsatz moderner Technik. Die Feldarbeit wird mit Pferden erledigt und es wird kein künstlicher Dünger verwendet. Das ist wirklich ökologische Landwirtschaft.

Trotz dieser altmodischen Arbeitsweise produzieren sie produktiv und können sich in der modernen Zeit behaupten. Die Fortbewegung erfolgt mit den typischen Pferdekutschen, die im Lancaster County zum normalen Straßenbild gehören. Auf den Parkplätzen vor den Geschäften stehen sie ganz selbstverständlich zwischen den Autos der weltlichen Mitbürger. In der Tracht vergangener Jahrhunderte, die sich seit ihrer Ankunft in Amerika nachweislich kaum verändert hat, erledigen sie auf diesem Weg ihre Angelegenheiten.

Die konservative Kleidung ist uns sofort durch ihre Gleichheit aufgefallen. Die Frauen tragen dunkle Farben und Muster – natürlich Kleider und nie Hosen. Die Haare müssen unter eine Haube gesteckt werden. Dadurch sind ihnen viele Probleme moderner Frauen erspart geblieben. Die Frage nach der neusten Mode stellt sich erst gar nicht. Keine vollen Kleiderschränke, man braucht ja nicht für jede Gelegenheit etwas anderes und das wirklich Passende ist sowieso nie im Schrank – das ergeht wenigstens mir immer so. Auch Neid auf die Kleider der anderen gibt es nicht, alle haben genau das Gleiche. Die Männer tragen obligatorisch Strohhut und Hosenträger, weißes Hemd und schwarze Hose. Junggesellen sind bartlos, verheiratete Männer tragen einen Kinnbart. Praktisch, man kann sofort erkennen, wer frei ist und bei wem sich die Mühe nicht lohnt, Scheidungen gibt es nämlich nicht.

Oberlippenbärte gelten als eitler Tand. Holger hat einen Schnauzer, aber als eitel kann ich ihn wirklich nicht bezeichnen. Allerdings kann ich ihn mir auch nicht mit Strohhut auf einem Feld arbeitend vorstellen – viel zu anstrengend.

Da sich die Amish nicht gerne fotografieren lassen, haben wir keine

Bilder gemacht. Aufgrund der Beschreibung können Sie sich aber bestimmt gut vorstellen, wie die Kleidung dieser Menschen aussieht.

Die Amish leben kompromisslos strenggläubig in Großfamilien, in einer wirklich demokratischen Gesellschaft. Jede Gruppe entscheidet selbständig über ihre eigenen Fragen. Wurde aber einmal etwas entschieden, sind alle verpflichtet sich daran zu halten. Es ist möglich die Gruppe zu verlassen, was aber eine endgültige Entscheidung ist. Die Rückkehr ist nicht möglich.

Die Amish leben pazifistisch und lehnen jede Gewalt ab, was in einem Amerika, in dem fast jeder eine Schusswaffe hat und wo es ständig Nachrichten über Schießereien und Gewalt gibt, kaum vorstellbar ist. Aber diesen Ort des Friedens gibt es wirklich.

Das einzige Mal, dass sie einen Rechtsanwalt benötigten, war, als sie ihr eigenes Schulsystem durchsetzen wollten. Sie hatten Erfolg, ihre Kinder besuchen jetzt eigene Schulen.

Das Essen der Amish hat in Amerika einen legendären Ruf und sollte unbedingt probiert werden. Mitten im Herzen des Dutch Country gibt es ein Restaurant, das sich »Good 'N Plenty« nennt, was so viel heißt wie »Gut und Viel«. »Hey Patricia, da müssen wir hin«, so die Reaktion von Holger, dessen Magen sofort laut anfing zu knurren, als er das im Reiseführer gelesen hatte.

Der Parkplatz war riesig, die sind wohl auf einen größeren Touristenansturm vorbereitet, so mein erster Gedanke. Um zum Restaurant zu kommen, musste man erst mal einen gigantischen Souvenir-Shop durchqueren. Verkaufstüchtig sind sie sicher: schnell noch ein bisschen shoppen vor dem Essen. An einer Theke musste man im Voraus bezahlen, das Motto war »All you can eat«. Unsere Erwartungen stiegen, denn 16 $ ist nicht gerade billig. Wieder durch den Souvenir-Shop ging es dann zu einem der Speisesäle. Ein großer Raum, voll gestellt mit Tischreihen. »Oh Gott, Massenabfertigung«, war meine erste Reaktion, »hoffentlich war das kein Fehler.«. Zum Glück waren an diesem Tag kaum Gäste da.

Von einer Bedienung wurden wir gefragt, wo wir denn herkämen und dann den anderen Gäste am Tisch vorgestellt. Nein, wir durften uns nicht hinsetzen, wo wir wollten. Die Tische wurden zweckmäßig und effizient von vorne her gefüllt. Das wird ja immer schlimmer, flüsterte mir Holger zu – dann kam alles ganz anders. Die Gäste rechts und links von uns waren sofort total begeistert, als sie erfuhren, dass wir aus Deutschland kamen. Sofort kam ein klasse Gespräch in Gang. Sie wollten wissen, wie wir in Deutschland leben, was für einen Beruf wir haben und welches Auto wir fahren. Auch über unsere Reiseroute mussten wir genauestens Auskunft geben.

Natürlich wurden dann auch unsere Fragen bereitwillig beantwortet. Wir haben gemeinsam über zu hohe Preise gejammert und sind über unsere jeweilige Regierung hergezogen. In Amerika ist nicht alles anders! Es war einfach klasse – auch das Essen.

Schüsseln mit Gerichten wurden auf den Tisch gestellt und jedes erklärt. Ich habe mich gefühlt wie bei einer Familienfeier, wo auch immer die Platten mit Braten auf den Tisch gestellt werden. »Gut und Viel«, der Name des Restaurants trifft wirklich zu.

Nur an ihren Getränken müssen sie noch arbeiten. Das obligatorische Eiswasser, das immer auf Tisch steht, schmeckte wie erwartet. Bei dem Eistee, den wir kommen ließen, konnten wir keinen Geschmacksunterschied zum Wasser feststellen. Bei dem Kaffee, den wir zum Abschluss bestellten, hatten wir noch Hoffnung. Es gab immerhin einen Unterschied: er war heiß. Wir haben uns das Essen dadurch aber nicht vermiesen lassen. Wir haben nette Leute kennen gelernt und sehr gut gegessen.

Es war ein gelungener Zwischenstopp, für jeden, der mal in die Gegend kommt, empfehlenswert.

# Hauptstadt, wir kommen

*Wer die amerikanische Verfassung untersucht, findet, dass es sich in Wahrheit nicht um eine Verfassung handelt, sondern um eine Charta der Anarchie. Sie ist keine Regierungsordnung, sondern eine Garantie dafür, dass das amerikanische Volk niemals regiert werden kann. Und das ist genau, was die Amerikaner wollen.*

*Georg Bernhard Shaw 1932*
*Schriftsteller*

Das genaue Gegenteil zu der Idylle des Amish Country war Washington. Die Hauptstadt der Vereinigten Staaten. Geplant und gebaut einzig und allein, um Hauptstadt zu sein. Es gibt große Alleen, Parks und Grünanlagen. Die Säulen und der Marmor der Regierungs- und Verwaltungsgebäude prägen das Stadtbild der Metropole.

Es gibt aber auch das andere Washington.

Gleich neben den monumentalen Regierungsgebäuden und den schicken Wohngebieten liegen die Stadtviertel, in die man sich, vor allem als Weißer, nicht verirren sollte. Das Gefälle zwischen Arm und Reich ist gerade in Washington besonders hoch.

Ca. 600 000 Menschen leben zur Zeit in den Slums rund um die Stadt, 70 Prozent davon sind Afroamerikaner. Wen wundert es bei dem hohen Anteil an wirklich armen Menschen noch, dass die Stadt in der Kriminalstatistik an erster Stelle liegt.

Washington wurde bereits 1790 gegründet. Georg Washington, der erste Präsident der USA, nach dem diese Stadt benannt wurde, hat das Gebiet selbst ausgesucht. Es musste zentral zu allen 13 Gründerstaaten liegen.

Von den Staaten Maryland und Virginia wurde das Land zur Verfügung gestellt und von einem französischen Architekten und Städteplaner die Stadt entworfen. Schon im Jahre 1800 wurde das Weiße Haus gebaut, aber 14 Jahre später bereits wieder von britischen Truppen niedergebrannt. Nur die Außenmauern blieben erhalten. Nach dem Wiederaufbau hat man die Backsteinmauern weiß gestrichen, warum es jetzt auch Weißes Haus heißt.

So richtig wollte der Aufschwung der Stadt aber zuerst nicht klappen. Erst während des Bürgerkrieges kam es durch die ansässige Rüstungsindustrie und die Armee-Lager zu einem enormen Anstieg der Einwohnerzahl und zu einem Boom. Das zentrale Gebiet von Washington ist die kreuzförmig angelegte Mall: ein Park, 3 km lang von Osten nach Westen, mit dem Capitol am einen Ende und dem Lincoln Memorial am anderen, 1,5 km lang von Norden nach Süden mit dem Jefferson Memorial am einen und den am besten bewachten Quadratmetern der Welt – dem Weißen Haus mit der berühmtesten Adresse der USA: »1600 Pennsylvania Avenue« – am anderen Ende.

Ein Großteil der Sehenswürdigkeiten liegt in diesem Bereich der Stadt.

Auf der Treppe zum Lincoln Memorial hat 1963 Martin Luther King vor 250 000 Zuhörern seine bekannte Rede gehalten. Sie ging als eine der berühmtesten Reden der Welt und als Demonstration für Freiheit in die Geschichte ein.

Er sprach davon, dass mit der Unabhängigkeitserklärung ein Schuldschein unterschrieben wurde, zu dessen Einlösung alle Amerikaner, Schwarze wie Weiße, berechtigt seien. Dieser Schuldschein enthalte die Garantie unveräußerlicher Rechte auf Leben und Freiheit sowie den Anspruch auf Glück für alle Menschen. Sie seien nun zusammengekommen, um diesen Schuldschein einzulösen, da es an der Zeit wäre, aus dem dunklen und trostlosen Tal der Rassentrennung aufzubrechen und den hellen Weg der Gerechtigkeit für alle Rassen zu beschreiten. Jetzt sei die Zeit gekommen, die Versprechungen der Demokratie Wirklichkeit werden zu lassen.

Für alle, die genauso wie ich auch nur die ersten Worte »I have a dream« kennen, hier die deutsche Übersetzung eines kleinen Teiles, der mir besonders ans Herz geht.

*Ich habe einen Traum, dass auf den roten Hügeln von Georgia eines Tages die Söhne früherer Sklaven mit den Söhnen ehemaliger Sklavenhalter gemeinsam am Tische der Brüderlichkeit zusammensitzen werden.*
*Ich habe einen Traum, dass meine vier kleinen Kinder eines Tages in einer Nation leben werden, in der sie nicht nach ihrer Hautfarbe, sondern nach ihrem Charakter beurteilt werden.*

*Dies ist unsere Hoffnung. Dies ist mein Glaube, in dem ich in den Süden zurückkehre – mit diesem Glauben werden wir fähig sein, aus einem Berg der Verzweiflung einen Stein voller Hoffnung zu schlagen.*

Er hatte die Vision von einer Gesellschaft ohne Rassenschranken, wofür er dann durch die Tat eines feigen Attentäters 1968 hat sterben müssen.

Das Washington Memorial, ein riesiger Obelisk aus weißem Marmor, steht im Mittelpunkt der Mall. Entlang der Mall liegen die großen Museen, die alle zum Smithsonian Institut gehören. Unsere Reisekasse hat gejubelt, denn fast alle kosten keinen Eintritt.

Sofort magisch angezogen hat uns das Air and Space Museum. Dort konnten wir am Eingang einen »echten« Mondstein berühren und uns etwas wünschen. Wie böse Gerüchte sagen, waren die Amerikaner nie wirklich auf dem Mond und haben alles nur inszeniert. Vielleicht stammt der Stein von einem Feld um die Ecke und kann sonst was, nur keine Wünsche erfüllen. Aber man soll den Glauben an Wunder nie aufgeben.

Das Museum zeigt die Geschichte der Luft- und Raumfahrt. Zu sehen sind unter anderem das Fluggerät der Gebrüder Wright, Charles Lindberghs Flugzeug, die »Spirit of St. Louis« und die Apollo-11-Kommandokapsel. Ich konnte mich allerdings am meisten für die »Star Wars« – Ausstellung begeistern. Mit Original-Kostümen, R2-D2 und vielen Film-Requisiten.

Außerhalb von Washington liegt in Arlington der berühmte Friedhof, der Arlington National Cemetery, auf dem seit dem Unabhängigkeitskrieg 1775 bis heute gefallene Soldaten, Politiker und hohe Richter beerdigt werden. Wie viele andere Touristen auch pilgerten wir zum Grab von John F. Kennedy, welcher der 35. Präsident der Vereinigten Staaten war. 1963 wurde er, nach 1 000 Tagen im Amt, in Dallas von einem Attentäter erschossen.

Vor dem Trauerzug her wurde auf Wunsch seiner Frau ein Pferd ohne Reiter geführt. Wie auch bei der Beisetzung von Abraham Lincoln steht es als Symbol für ein Land ohne Führer. Neben ihm wurden auch zwei seiner Kinder und seine Frau beigesetzt. Auf dem Grab brennt seit seiner Beisetzung eine ewige Flamme.

Auf einer Mauer rund um das Grab sind einige Zitate angebracht. Das Nachfolgende hat mich besonders berührt. Es ist aufgrund des aktuellen Weltgeschehens mehr denn je aktuell:

*Lasst jede Nation wissen,*
*ob sie uns gut oder böse gesonnen ist,*
*dass wir jeden Preis bezahlen, jede Last ertragen,*
*jede Härte auf uns nehmen, jeden Freund unterstützen*
*und jeden Feind bekämpfen werden,*
*um das Überleben und den Erfolg der Freiheit zu garantieren*

Ironischerweise hat man von dem Grab aus, das etwas erhöht liegt, einen guten Ausblick über die ca. 200 000 weißen Grabsteine der Soldaten, die für diesen Grundsatz ihr Leben haben lassen müssen.

Das »Grab des unbekannten Soldaten« liegt an der Stelle, wo General Robert E. Lee seinen Rosengarten hatte. Lees Plantagenbesitz wurde während des Bürgerkrieges, als er sich entschied für den Süden zu kämpfen, konfisziert.

Auf ihm befindet sich der Friedhof und das Arlington House, das renoviert wurde und heute der Öffentlichkeit zugänglich ist.

# Es war einmal, vor langer, langer Zeit ...

Das trifft auf die amerikanische Geschichte wohl eher nicht zu. Historisch ist alles, was älter als zehn Jahre ist, und als antik zählen bereits Gegenstände aus den 50iger Jahren. Die Geschichte der USA ist im Vergleich zu Europa noch sehr jung.

Trotzdem konnten wir auf unserem Weg in Richtung Süden im historischen Williamsburg so richtig in die amerikanische Vergangenheit eintauchen.

Williamsburg zählt zu den ältesten Städten der USA. Begonnen hat alles am 24. Mai 1607, als die Stadt Jamestown von 107 britischen Siedlern gegründet wurde. Die Neuankömmlinge hatten erhebliche Probleme.

Da dummerweise die wenigsten Handwerker oder Farmer waren, sondern Abenteurer, kamen viele durch Meuterei, Hunger und Krankheiten ums Leben.

Nach 6 Monaten waren nur noch 38 von ihnen übrig. Neue und besser ausgesuchte Siedler wurden von England über den großen Teich geschickt.

Doch auch diese hatten aufgrund der ständigen Kämpfe mit den Indianern keine große Überlebenschance. Gerade als Jamestown aufgegeben werden sollte, kam zur Rettung eine dritte Expedition, die Proviant und Ausrüstungsgegenstände brachte.

Der Aufschwung begann, als John Rolfe feststellte, dass das Land mit idealen Bedingungen für den Anbau von Tabak gesegnet war.

Kommt Ihnen der Name John Rolfe bekannt vor?

Er hat später, wie auch aus dem gleichnamigen Walt-Disney-Film zu lernen ist, die schöne Häuptlingstochter Pocahontas geheiratet.

Dadurch kam es zu einem jahrelangen Frieden zwischen den Indianern und den Weißen Siedlern – bis der Vater von Pocahontas starb.

Ihr Bruder übernahm das Kommando und mit dem Frieden war es

vorbei. Es kam zu einem Massaker, bei dem viele Siedler getötet und ihre Besitztümer zerstört wurden.

Die Indianer haben zuerst einen Sieg errungen, wurden später aber doch vernichtend geschlagen und, wie überall im Land, vertrieben.

Die verbliebenen Siedler bauten quer über die Halbinsel zwischen dem York und dem James River einen Palisadenzaun und gründeten hinter diesem Schutz eine Siedlung, aus der sich Williamsburg entwickelte. Der Regierungssitz wurde in das vermeintlich sichere Williamsburg verlegt und die Stadt zur Hauptstadt der britischen Kolonie Virginia erklärt.

82 Jahre lang war Williamsburg der politische und kulturelle Höhepunkt der Ostküste, bis die Regierung nach Richmond wechselte.

Williamsburg versank in einen Dornröschenschlaf. Die historischen Gebäude verfielen und wurden teilweise sogar abgerissen. Zum Glück entschied man irgendwann, dass die Stadt im Stile der ruhmreichen Vergangenheit restauriert werden sollte. Aber woher das Geld nehmen? Man brauchte einen reichen Sponsor.

John D. Rockefeller jr. konnte für dieses Projekt gewonnen werden. Er finanzierte 30 Jahre lang, bis zu seinem Tode 1960, den Wiederaufbau. Er spendete 90 Millionen Dollar aus seinem Privatvermögen. 88 Gebäude wurden restauriert und 50 Gebäude an ihrem Originalstandort rekonstruiert.

Ich habe den Besuch in diesem größten Freilichtmuseum der Welt als erneute Reise in die sorgfältig konservierte Vergangenheit in Erinnerung. Schauspieler in Kostümen bevölkern die Stadt, die Häuser können besichtigt werden und alte Handwerkskünste werden demonstriert.

Außerdem gibt es noch einen historischen Markt und ein Eiskaffee mit super leckerem Eis. Auch wenn ich nicht glaube, dass es im 18. Jahrhundert schon Eiskaffees gab. Macht nichts, war trotzdem lecker, wenn auch nicht authentisch.

Die perfekte Szenerie und die kostümierten Akteure geben dem Ganzen den Hauch eines Freizeitparks, zeigen aber auch einen Teil der Geschichte, auf den die Amerikaner sehr stolz sind.

Vom uramerikanischen Glauben an Profit und Reichtum unberührt, fließen alle eingenommenen Gelder wieder zurück in die Erhaltung und Vervollkommnung der Stadt.

# I wish I was in Dixie, hurray, hurray

Auf dem Weg nach Charleston haben wir noch schnell einen Abstecher in den Great Smokey Mountains National Park gemacht.

Obwohl »ein kleiner Abstecher« in den USA etwas anderes bedeutet als in unserem kleinen Deutschland. »Mal kurz um die Ecke« ist schnell eine Fahrt von mehreren hundert Kilometern. Zum Glück kommt man auf den immer leeren Highways trotz gemäßigter Geschwindigkeit schnell voran und kann Fehlplanungen in der Reiseroute wieder ausgleichen.

Der Ausflug war eine ganz schöne Umstellung, wenn man die Tage vorher noch in dem Moloch New York war und sich nun plötzlich im größten zusammenhängenden Waldgebiet der USA befand.

Die Entstehungsgeschichte der ältesten Gebirgsbildung des amerikanischen Kontinents reicht 250 Mio. Jahre zurück. Als sich Europa und Nordamerika trennten, hat sich durch tektonische Verschiebungen der Gebirgszug aufgetürmt. Aufgrund der jahrzehntelangen Verwitterungen hat sich ein sehr fruchtbarer Boden gebildet. Auch die Eiszeiten der letzten 100 000 Jahre und die vorübergehende vollständige Abholzung durch rücksichtslose Siedler konnten die natürliche Fruchtbarkeit nicht endgültig zerstören. Heutzutage sind die Appalachen wieder zu 95 % bewaldet. Kleinere Gebiete werden bewusst von Bäumen freigehalten, um auch diesen Teil der Besiedlung lebendig zu halten. Es gibt dort einige Farmen und Original-Hütten der ersten Pioniere, die besichtigt werden können. Park Ranger in authentischen Kostümen demonstrieren das harte und entbehrungsreiche Leben der damaligen Siedler. Bestimmt wäre es klasse, als Pionier bei der Besiedlung eines Landes zu helfen, die Natur zu besiegen und täglich Abenteuer zu bestehen. Aber selbst Holger würde unter diesen Voraussetzungen gerne verzichten, als Held in die Geschichte einzugehen. Obwohl er natürlich immer noch vom großen Abenteuer träumt, aber nur mit allen Bequemlichkeiten der modernen Zivilisation.

Stetige Dunstschwaden, entstanden durch den vielen Regen, ziehen durch die Berge und haben ihnen den Namen »Great Smokies« (Große Rauchberge) gegeben.

Als wir auf einem Parkplatz genau an der Grenze zwischen Tennessee und North Carolina aus dem Bus stiegen, standen wir direkt vor einem bärensicheren Mülleimer. Ja, Sie haben richtig gelesen, so etwas gibt es wirklich.

Da wurde uns erst richtig bewusst, dass dieses Gebiet noch immer zur Wildnis zählt und man natürlich auch mit wilden Tieren rechnen muss.

Da der Park der meistbesuchte der Vereinigten Staaten ist, hat es mich doch eher verwundert, dass es hier noch Raubtiere gibt. Wie ich im Reiseführer nachlesen konnte, sollen es sogar noch eine ganze Menge sein. Außer Bären gibt es hier Füchse, Luchse, Hirsche, Otter und Biber. Andere Tiere wie Bisons, Wölfe und Berglöwen hat der Mensch wie vielerorts ausgerottet.

Beim Stöbern in einem Reiseführer habe ich eine Übersicht über den Artenreichtum der Great Smokies gefunden, der überraschend vielfältig ist: 1 534 Arten blühender Pflanzen, 135 Baumarten, 71 Säugetiere, 236 Vogelarten und 35 Reptilien. Von Letzterem war Holger aufgrund seiner Angst vor Schlangen gar nicht begeistert.

Über 10 Millionen Besucher kommen pro Jahr in die Great Smokies und fahren auf bequemen Bergstraßen durch die dichten Wälder. Selbstverständlich ist auch hier, wie überall in den Vereinigten Staaten, alles für den Autofahrer erschlossen.

Im Herbst, wenn sich das Laub färbt, sollte man den Park meiden, denn dann gibt es einen regelrechten Ansturm. Aufgrund seiner Größe – er ist immerhin 2 107 qkm groß – ist er aber trotz der vielen Besucher während des übrigen Jahres immer so gut wie menschenleer.

Hierher kommen auch die wenigen Amerikaner, die bereit sind, sich mehr als 100 m von ihrem fahrbaren Untersatz zu entfernen.

Auf dem 3 200 km langen Appalachian Trail, der auf 71 km auch durch die Great Smokies führt, ist es möglich, Abstand von den Annehmlichkeiten der modernen Welt zu finden.

Übernachtet wird in einfachen Unterständen oder im Zelt, ohne fließendes Wasser und Strom. Kein Fast Food, keine Shopping Mall, dafür wilde Bären, Schlangen und viel unberührte Natur.

Sie glauben mir bestimmt, wenn ich Ihnen versichere, dass wir nicht böse waren, keinem Bären begegnet zu sein. Die Spuren an den Mülleimern haben uns die Existenz dieser Raubtiere glaubhaft genug gemacht.

Das Gebiet, in dem die Great Smokies liegen, war ursprünglich Siedlungsgebiet der Cherokee. Sie passten sich dem immer stärker werdenden Einfluss der weißen Siedler und Missionare an und bauten Häuser und Kirchen wie die weißen Siedler.

Als man Gold fand, war es auch hier mit dem friedlichen Zusammenleben zwischen Indianern und Weißen vorbei. Man entledigte sich der Cherokees, indem man sie nach Oklahoma abschob. Von 13 000 Indianern starben unterwegs bis zu 4 000. 1 000 Widerständler flüchteten in die unzugänglichen Wälder und Berge. Erst drei Jahre später erhielten sie die Erlaubnis, ihr angestammtes Land wieder zu besiedeln. Später wurden sie dann in Reservationen außerhalb des Parks abgeschoben, wo sie noch heute leben. Kultur und Lebensweise wurden dabei fast vollständig zerstört.

Heutzutage verdienen sie ihren Lebensunterhalt mit den Touristen. Den Fototermin mit dem Häuptling (das war wohl kaum ein echter Häuptling) und den kitschigen Indianerschmuck fand ich traurig und unwürdig für ein ehemals so stolzes Volk. Vor allem, wenn auf der Rückseite der »echten« Indianerkette ein Etikett »Made in China« klebte.

Nun aber wieder zurück von der Wildnis in die Zivilisation.

In Atlanta haben wir ähnliche Probleme wie in Washington und vielen anderen Städten vorgefunden. In einer Stadt, in der die Schwarzen einen Bevölkerungsanteil von 67 % bilden, gehört man als Weißer schon automatisch zur Minderheit.

Besonders das Gebiet, in dem das Geburtshaus von Martin Luther King jr. liegt, ist fest in schwarzer Hand und gehört leider auch zu den »no go areas«, die man im Dunkel nicht betreten sollte. Aber anders als in anderen Städten gibt es in Atlanta auch eine farbige Mittelschicht und eine Elite.

Das Geburtshaus von Martin Luther King jr., in dem er 1929 geboren wurde, ist heute ein Muss für alle Touristen und eine Pilgerstätte für alle farbigen Bürger der USA. Ebenso wie die Gedenkstätte, in der mit Bildern, Zeitungsausschnitten und Berichten über das Leben und Wirken von M. L. King berichtet wird.

Er war der Präsident der schwarzen Bürgerrechtsbewegung und setzte sich für den gewaltlosen Widerstand gegen die diskriminierenden Rassengesetze ein. Im Jahr 1963 erhielt er den Friedensnobelpreis und wurde vom Time-Magazin zum »Mann des Jahres« gewählt.

Die Gedenkstätte liegt genau gegenüber der Ebenezer Baptist Church, in der er, genau wie sein Vater und sein Großvater, gepredigt hatte. Am 4. April 1968 wurde Martin Luther King jr. auf dem Balkon eines Hotel in Memphis von dem Attentäter James Earl Ray erschossen.

Seine Grabstätte befindet sich in Atlanta, nur wenige Meter von seinem Geburtshaus entfernt.

Ich war tief bewegt nach dem Besuch der Ausstellung und der Gedenkstätte. Entsetzen, Scham und Trauer spiegelten sich auch in den Gesichtern der anderen Besucher wider.

Es war für uns kaum vorstellbar, dass bis in die 60er Jahre des 20. Jahrhunderts Farbige in Bussen hinten sitzen mussten und es getrennte Restaurants und Waschräume für Weiße und Schwarze gab.

Das alles fand nicht irgendwann einmal früher statt, sondern zu einer Zeit, als sich die westliche Welt und vor allen Dingen auch die Amerikaner lange schon für zivilisiert und anderen weit überlegen gehalten haben.

Luther Kings Frau Coretta Scott King führt sein Lebenswerk weiter. Und glauben Sie mir, auch heute ist der Kampf für die Gleichberechtigung der farbigen Bürger noch bitter nötig.

Atlanta ist aber auch geprägt von Coca Cola, dem weltumspannenden Fernsehsender CNN und der Vorstellung, die Margaret Mitchell mit ihrem Roman »Vom Winde verweht« in unseren Köpfen geschaffen hat.

Mit ihren gläsernen Hochhäusern, Versicherungsgesellschaften und Banken hat die Stadt von heute allerdings überhaupt nichts mehr mit dem Atlanta aus den Zeiten von Scarlett O'Hara und Rhett Butler zu tun.

Zur Zeit des Sezessionskrieges war Atlanta der Stützpunkt der Südstaaten, mit riesigen Lazaretten und Truppenlagern, bis es zum Ende des Krieges von General Sherman erobert und niedergebrannt wurde. 90 % der Gebäude wurden damals zerstört.

Underground Atlanta, die letzten wenigen Reste des alten Atlanta, das nach dem Sezessionskrieg überbaut wurde, ist heute ein Vergnügungsbereich – unterhalb der Stadt gelegen – mit Geschäften, Restaurants und Musiklokalen.

So richtig in das Thema Heldenverehrung kann man etwas außerhalb von Atlanta eintauchen. Hier gibt es den größten freistehenden Granitfelsen der Welt, genannt »Stone Mountain«.

Ca. 300 Millionen Jahre alt, 300 m hoch und an seinem Fuß mit einem Umfang von ca. 8 km, scheint er aus dem Nichts gewachsen zu sein.

Auf der Nordseite wurde ein 24 x 55 m großes Relief, auf dem die »Helden« der Südstaaten zu sehen sind, in den Stein gehauen. Jefferson Davis, der erste und einzige Präsident der Südstaaten sowie General Jackson und Robert E. Lee wurden dort verewigt. 50 Jahre lang wurde daran gearbeitet, um es den gefallenen Soldaten, natürlich nur denen der Südstaaten, zu widmen.

Es wäre aber nicht Amerika, wenn man mehr zu Fuß gehen müsste als unbedingt nötig. Eine Seilbahn fährt auf den Granitfelsen hinauf und am Fuße führt eine Eisenbahn rundherum.

Das Museum, das mit seinen Filmen und Ausstellungsstücken über die Herstellung des Reliefs erzählt, war aber echt klasse. Vor allem, weil es auch eine extra Ausstellung zum Film »Vom Winde verweht« gibt. Es werden Filmfotos, Ausschnitte aus Drehbüchern und einige Kleider und Requisiten von Scarlett O'Hara und Melanie Wilkes ausgestellt. Ja, auch das grüne Kleid aus dem Vorhangstoff, in dem Scarlett O'Hara Rhett Butler nach dem Bürgerkrieg im Gefängnis besucht hat, war dabei. Einmal so ein Kleid tragen …

Das Rauschen des Mantels der Geschichte kann man auch, selbst als europäischer Besucher, auf einem der vielen Schlachtfelder des Bürgerkrieges erleben. Hinweise, Denkmäler und die bedeutenden Schlachtfelder des Sezessionskrieges kann man noch überall an der Ostküste finden. Einige sind heute nationale Gedenkstätten.

Mit dem Auto sind wir über die Schlachtfelder gefahren, um genau nachzuvollziehen, wer, wann, wo zuerst geschossen oder eine Kanone abgefeuert hat.

Es gibt Hinweistafeln, wo welches Regiment gelegen hat, wo die Fronten verliefen und wo wichtige Persönlichkeiten und »Helden« gefallen sind. Es ist möglich, den genauen Ablauf der Schlacht nachzuvollziehen – natürlich ohne einen Schritt zu Fuß zu gehen.

Selbstverständlich sind auf den jeweiligen Soldatenfriedhöfen auch die Toten noch streng nach Nord- und Südstaaten getrennt. Toter ist nicht gleich Toter. Warum auch, wenn man sich gerade eben erst gegenseitig umgebracht hat? 618 000 Amerikaner ließen in dem Krieg ihr Leben, mehr als in beiden Weltkriegen zusammen.

Zu den Jahrestagen der berühmtesten Schlachten werfen sich Massen von Freiwillen in alte Uniformen und spielen die Niederlagen und Siege ihrer Vorfahren nach.

Auf dem Schlachtfeld von Vicksburg, Mississippi, besiegten 1863 die Nordstaaten unter General Ulysses Grant nach einer 47-tägigen Belagerung die Truppen der Südstaaten. Eine entscheidende Bastion der Südstaaten war gefallen. Die Schlacht ging in die Geschichte ein.

Hier sind selbstverständlich nur die toten Südstaatler direkt auf dem Schlachtfeld auf einem Ehrenfriedhof beerdigt.

Für jeden Bundesstaat, aus dem Truppen teilgenommen haben, gibt es eine Art Denkmal oder besser Schrein, in dem die Namen aller gefallenen oder verwundeten Soldaten nachzulesen sind.

Die gefallenen Nordstaatler liegen außerhalb des Geländes auf einem anderen Friedhof.

Auf den Schlachtfeldern im Norden ist dies genau anders herum. Zum Beispiel in Gettysburg, Pennsylvania, dem größten und »eindrucksvollsten« des Nordens (soweit man ein Schlachtfeld als eindrucksvoll bezeichnen kann).

Vom 1. – 3. Juli 1863 fand hier die blutigste Schlacht des Bürgerkrieges statt. Mit 75 000 Soldaten traf der Südstaatengeneral Robert E. Lee auf die 85 000 Mann starke Armee unter Generalmajor Georg G. Mead. Bis auf wenige Ausnahmen hatten die Kriegshandlungen bis dahin auf dem Boden der Südstaaten stattgefunden. Dieses Mal hoffte der Süden den Norden entscheidend zu schwächen. Das war ein Fehler, den 40 000 Männer auf beiden Seiten mit dem Tod bezahlen sollten. Nur jeder dritte Soldat kam aus den Gefechten zurück.

Diese blutige Dreitagesschlacht war ein Wendepunkt. Mit der Niederlage der Konföderierten Armee unter General Lee endete die letzte große Offensive der Südstaaten. Die Initiative ging nun auf die Nordstaaten über.

Obwohl sich damals alles rund um die Kleinstadt Gettysburg abspielte, wurde nur ein einziger Zivilist getötet. Eine Frau wurde von einem Querschläger getroffen, als sie aus ihrem Haus ging. Heutzutage beschränken sich Gefechte nicht mehr nur auf Soldaten. Die Nachrichten sind voll von Berichten über tote Frauen und Kinder, die in Kriegen rund um die Welt getötet werden.

Einige Häuser in Gettysburg tragen noch heute die Original-Einschusslöcher. Die unzähligen Gefallenen liegen auf dem Militärfriedhof von Gettysburg.

Einige Grabsteine sind mit Namen versehen, andere haben nur eine Nummer. Viele der Toten konnten nicht mehr identifiziert werden.

Heute ist das ganze Gebiet ein einziges Denkmal. Alles wurde sorgsam für die Nachwelt konserviert und die vielen Toten werden als Helden verehrt. Immer den Film »Gettysburg« im Kopf, der diese Schlacht eindrucksvoll beschreibt, sind wir über das Gelände gefahren und haben versucht das Geschehen nachzuvollziehen.

Es gibt noch ein Museum, in dem Originalgegenstände und auch einzelne Fahnen von Regimentern ausgestellt sind. In Dioramen wird das harte Leben der Soldaten sehr anschaulich dargestellt.

Ich bekomme immer noch jedes Mal Gänsehaut, wenn ich die Ansprache lese, die Abraham Lincoln zur Einweihung des Friedhofes in Gettysburg vor 150 000 Menschen auf dem Schlachtfeld hielt und damit die Einheit der Nation beschwor. Diese Ansprache ging unter dem Namen Gettysburg Address als rhetorisches Meisterwerk in die Geschichte ein. Sie gilt als eines der berühmtesten Dokumente der Weltgeschichte und ist geprägt vom Glauben an eine gemeinsame Zukunft der beiden Krieg führenden Parteien. Abraham Lincoln bringt das Selbstverständnis Amerikas und die Ideale der Demokratie auf den Punkt. Die Rede berührt mich jedes Mal wieder. Noch heute müssen die amerikanischen Schulkinder sie auswendig lernen.

Wenn Sie gerne Reden großer und bedeutender Männer lesen – hier kommt meine Übersetzung. Wenn nicht, überspringen Sie sie einfach, sie würden aber etwas verpassen:

*Vor 87 Jahren gründeten unsere Väter auf diesem Kontinent eine neue Nation, empfangen in Freiheit und mit dem Grundsatz, dass alle Menschen als Gleiche erschaffen wurden.*

*Der Bürgerkrieg, den wir jetzt kämpfen, ist eine Prüfung dafür, ob diese oder jede andere auf den gleichen Grundsätzen beruhende Nation bestehen kann.*

*Wir trafen uns auf einem großen Schlachtfeld dieses Krieges. Wir sind*

*hierher gekommen, um einen Teil dieses Feldes denjenigen als letzte Ruhe-*
*stätte zu weihen, die ihr Leben gegeben haben, damit diese Nation leben*
*möge.*

*Es ist nur recht und billig, dass wir das tun. Doch in weiterem Sinn*
*können wir das Land weder weihen noch heiligen. Die tapferen Männer,*
*Überlebende und Tote, die hier gekämpft haben, haben es mehr geweiht,*
*als wir es jemals tun können.*

*Die Welt wird kaum Notiz davon nehmen, was ich hier sage, noch sich*
*lange daran erinnern. Sie wird aber nicht vergessen, was diese Männer*
*hier vollbracht haben.*

*Es ist an uns Überlebenden, uns ganz der großen Aufgabe zu widmen,*
*die noch vor uns liegt, welche jene, die kämpften, so edelmütig bis hierher*
*vorangetrieben hat. Von diesen verehrten Toten, die hier alles gegeben ha-*
*ben, müssen wir die ständig wachsende Kraft und Hingabe für die Sache*
*lernen.*

*Wir müssen hier den unerschütterlichen Beschluss fassen, dass ihr Tod*
*nicht umsonst gewesen ist, damit diese Nation, mit Gottes Hilfe, in Freiheit*
*neu geboren wird – und dass die Regierung des Volkes, durch das Volk und*
*für das Volk, nicht von der Erde verschwindet.*

*19. November 1863*
*Abraham Lincoln*

Diese pathetischen Worte sind in monumentaler Größe in Washington
im Inneren des Memorials in Stein graviert.

Am 9. April 1865 kapitulierten die Südstaaten und die Waffen wurden
niedergelegt.

Alle Bürger Amerikas waren wieder unter einer Fahne vereint und
lauschten den Klängen einer Nationalhymne.

Skyline von New York City

Freiheitsstatue in der Mündung des Hudson Rivers

Das altehrwürdige Palace Hotel

Blick über New York City vom Empire State Building

Das Weiße Haus in Washington D.C.

Blick vom Lincoln Memorial zum Washington Memorial in Washington D.C.

Grabstätte von J. F. Kennedy auf dem Arlington-Friedhof in Washington D.C.

Die weißen Grabsteine des Arlington-Friedhofs

Historische Straßenszene in Wilmington

Grabstätte von Martin Luther King jr. in Atlanta

Stone Mountain bei Atlanta

Schlachtfeld von Gettysburg

Aber das geschah in einer ganz anderen Ecke der USA, die wir bei einer späteren Reise besucht haben.

Ich weiß, ich fange an, kreuz und quer zu erzählen, aber es passt einfach zum Thema.

Noch sind wir in Vicksburg, das sehr idyllisch direkt am Mississippi liegt. Dabei denke ich doch sofort an den »Old Man River«. Mississippi heißt in der Indianersprache übrigens »Großer alter Vater«. Viele Filme, die ich schon als Kind immer wieder gesehen habe, kommen mir wieder ins Gedächtnis.

»Onkel Toms Hütte« und Mark Twains Roman von Tom Sawyer und Huckleberry Finn. Ganz zu schweigen von »Vom Winde verweht« und »Fackeln im Sturm«.

Vor meinen Augen ziehen schneeweiße Schaufelraddampfer, lange Dampfschwaden hinter sich lassend, träge den Mississippi hinauf und am Ufer sind große Plantagen und Herrenhäuser im Stil von »Tara« zwischen den Bäumen zu sehen.

Baumwollfelder bis an den Horizont und uralte Eichen, deren knorrige und mit spanischem Moos behangene Äste über das Ufer des Mississippis hängen. Südstaatenladys, die in ihren rauschenden Kleidern mit eleganten Herren am Ufer spazieren gehen.

Leider sehe ich aber auch die »schwarzen Sklaven«, die auf den Baumwollfeldern arbeiten und ihre traurigen und melancholischen Gospelsongs singen.

Diese für die meisten Weißen »heile Welt« geriet mit dem Ausbruch des Amerikanischen Bürgerkrieges aus den Fugen. Die Folgen waren für den Süden wirtschaftlich und gesellschaftlich eine Katastrophe. Nicht einmal die nun freien Sklaven konnten sich freuen. Radikale Politiker und Militärs ließen ein Regime entstehen, das von Willkür, Gewalt und Missachtung der Bürgerrechte geprägt war.

Terrorgruppen wie der Ku-Klux-Klan entstanden und sorgten dafür, dass die Überlegenheit der Weißen erhalten blieb.

Die Schwarzen waren ohne Schulausbildung dem freien Wettbewerb ausgesetzt.

Mit dem durch den Zusammenbruch der Plantagenwirtschaft hervorgerufenen sozialen Notstand wuchs der Groll der Weißen gegen die Schwarzen. Viele der Schwarzen wanderten deshalb in die Großstädte im Norden ab.

Der Mississippi aber floss wie eh und je seiner Mündung entgegen. Heute gibt es noch drei Schaufelraddampfer, die den Fluss befahren, auf denen man auch eine Flusskreuzfahrt machen kann. Der eine, die Delta Queen, wurde bereits 1927 vom Stapel gelassen und gilt als Historical Landmark.

Die anderen zwei sind etwas jünger, nicht ganz so historisch und heißen American Queen und Mississippi Queen.

Bereits 1812 wurde der erste Dampfer auf dem Mississippi in Dienst gestellt. Er erreichte mit seinem riesigen Schaufelrad am Heck eine gemütliche Geschwindigkeit von 5 – 7 Knoten. Flussaufwärts mussten die Schiffe dann oft kreuzen, da sie aufgrund der starken Strömung sonst nicht mehr vom Fleck gekommen wären.

Damals musste man für die 600 km lange Reise von New Orleans nach Memphis zwischen 2 – 4 Wochen einplanen. Darum waren selbst die Dampfer für die einfacheren Passagiere die reinsten Vergnügungsdampfer. Irgendwie musste den Passagieren ja die Zeit vertrieben werden.

Heutzutage ist von der Südstaatenromantik kaum noch was zu spüren. Bis auf die drei verbliebenen Schaufelraddampfer gibt es nicht mehr viel Romantisches. Der Mississippi wird als Verkehrsweg für Frachter, riesige Tanker und Überseeschiffe genutzt.

Hier ein paar für einen Europäer unvorstellbare Daten, die mir die Sprache verschlagen haben:

Der Fluss ist 3 778 km lang und bei New Orleans ca. 2 km breit. Jährlich fließen 380 Billionen Liter Wasser von der Quelle bis zum riesigen Mississippi-Delta, 25 mal so viel wie durch den Rhein. Dabei werden 365 Mio. Tonnen Sedimente befördert, mit denen man einen 240 Kilometer langen Güterzug beladen könnte.

Sein Einzugsgebiet und die über 40 Nebenflüsse erstrecken sich über ein Gebiet von 3,21 Millionen qkm, über 31 US-Bundesstaaten und zwei kanadische Provinzen. Alleine die Flußauen dehnen sich über eine Fläche von 70 000 qkm aus. Zu dem 10 000 qkm großen Delta wird die Strecke bis zu dem 600 km vom Meer entfernten Memphis gerechnet. In Amerika ist doch alles etwas größer!

Durch das in den Nebenarmen kaum oder überhaupt nicht mehr fließende Wasser haben sich Sumpfgebiete, die Bayous, mit einzigartiger Vegetation und Tierwelt entwickelt. Für einen See sind sie zu schmal, für einen Fluss fließen sie zu wenig, so steht es im Reiseführer beschrieben.

Im Jean Lafitte National Park, der mitten im Sumpfgebiet des Mississippi-Deltas liegt, konnten wir zum ersten Mal auf direkte Tuchfühlung mit den zu Tausenden in den Sümpfen lebenden Alligatoren gehen.

Zuerst hat es mich schon verwundert, dass der Wanderweg durch den Park »Alligator Trail« heißt. Nachdem der Park-Ranger am Eingang uns den Weg dringendst empfohlen hatte, haben wir uns todesmutig auf die Socken gemacht.

Holger hoffte endlich das große Abenteuer zu erleben – eine Sumpfdurchquerung durch unberührtes Gelände, wo noch nie ein Mensch zuvor gewesen war, der Kampf mit wilden Tieren und der feindliche Natur.

Zuerst war das Ganze ein recht unspektakulärer Spaziergang auf einem befestigten, ca. 2 Meter breiten Weg, der allerdings direkt und ohne Absperrung rechts und links in Sumpf überging. Keine wilden Tiere und keine Fleisch fressenden Pflanzen, die uns angriffen. Auch keine Killerameisen oder Ähnliches. Nur traumhafte Sumpflandschaft mit vielen Blumen, Vögeln und bestimmt auch vielem anderen Kleingetier, das sich zum Glück nicht sehen ließ. Allerdings stank es ziemlich nach verfaulten Pflanzen und abgestandenem Wasser.

»Da schwimmt ein kleiner Alligator«, rief Holger plötzlich. Einbildung, dachte ich, das war bestimmt nur ein Baumstamm. Die würden uns doch hier nie herumlaufen lassen, wenn es wirklich Alligatoren wären. Ich war der Meinung, dass das ganze Gerede über diese Tiere nur die Touristen anlocken sollte.

Bis ich urplötzlich vom Gegenteil überzeugt wurde. Rechts von uns gab es auf einmal ein Brüllen, das durch Mark und Bein ging. Mir rutschte das Herz in die Hose.

Nur wenige Meter von uns entfernt lag ein gut drei Meter langer Alligator und brüllte, dass das Wasser um ihn herum vibrierte. Ich hatte gar nicht gewusst, dass Alligatoren überhaupt Töne von sich geben. Da war kein Zaun, Graben oder etwas, das uns von diesem Ungetüm trennte.

Trotz zitternder Knie – es war ein tolles Erlebnis, so ein Tier mal in freier Natur zu erleben. Im Fernsehen hatten wir so was schon öfter gesehen. Aber jetzt, so von Auge zu Auge, war es etwas ganz Besonderes. Sie können sich gar nicht vorstellen, wie schnell wir umdrehten und uns auf den Rückweg machten.

Auf dem Rückweg nahm ich dann die Baumstämme doch mal genauer unter die Lupe. Niemand kann sich meinen Schrecken vorstellen, als ich feststellte, dass viele dieser vermeintlichen Baumstämme ein großes Maul mit vielen Zähnen hatten und genau beobachteten, was sich da auf dem Weg tat. Wie schon erwähnt, es gab keine Absperrungen, Gräben oder Ähnliches.

Da wir wussten, dass unsere Freunde zu Hause das nicht glauben würden, haben wir natürlich gleich ein paar Beweisfotos gemacht, um später überzeugend von unserem Todesmut berichten zu können. Der Ranger am Eingang fragte uns dann auch ganz scheinheilig, ob wir denn etwas Interessantes gesehen hätten.

Nachdem wir auf unseren Reisen durch die Südstaaten mehrere Erlebnisse dieser Art hatten, gehörten die Alligatoren irgendwann einfach dazu und fielen gar nicht mehr besonders auf.

Für gewöhnlich gab es in den Hotelzimmern einen Hinweis, dass man doch bitte kontrollieren möge, bevor man in den Pool springt, ob er auch leer ist und nicht ein Alligator sich darin tummelt.

Genauso alltäglich war auch das Exemplar im Teich eines Einkaufszentrums oder dasjenige, das sich im Straßengraben sonnte.

Noch eine Stufe spannender wurde es, als wir zu den Okefenokee-Sümpfen an der Grenze zwischen Florida und Georgia fuhren. Auf dem Parkplatz direkt vor unserem Auto lag ein stattliches Exemplar direkt unter der Hinweistafel, auf der stand, dass Alligatoren gefährlich sein können.

In dem Park kann man mit einem Zweimann–Indianerkanu den Sumpf auf schmalen Kanälen auf eigene Faust erkunden. Am Einstieg bekam jeder ein Ruder in die Hand gedrückt und den ausdrücklichen Hinweis, dass es verboten ist, die Hände in das Wasser zu halten oder aus dem Kanu auszusteigen.

Ich hatte das bestimmt nicht vor. Trotzdem mussten wir unterschreiben, dass wir auf eigenes Risiko den Sumpf betreten und bekamen eine kaum noch leserliche Kopie einer handgemalten Karte mit den Wasserwegen überreicht.

Laut Karte sollte die gelbe Markierung immer wieder zurück zum Eingang führen. Ich weiß nicht, ob es anderen auch so ging oder nur wir beide so blind durch die Gegend gefahren sind. Wir haben auf der ganzen Strecke keine einzige gelbe Markierung gefunden.

Unser Ausflug wurde allein schon dadurch aufregend, dass wir noch nie mit einem Kanu gefahren waren, nicht mit nur einem Paddel umgehen konnten. Ich hoffe, wir haben kein Massen-Alligatorensterben ausgelöst, denn die haben sich bestimmt über die zwei Greenhorns tot gelacht, die versucht haben, irgendwie geradeaus zu fahren und auch noch um die engen Kurven herum zu kommen.

Schon nach kurzer Zeit sahen die engen Kanäle alle gleich aus und wir waren uns sehr schnell nicht mehr sicher, ob wir den Weg schon mal gefahren waren oder nicht. Geschweige denn, in welche Himmelsrichtung wir fuhren.

Mit der handgemalten Karte war, wie schon gesagt, auch nichts anzufangen. Ich war nicht sicher, ob die Verleiher abends ihre Kanus zählen würden – zur Kontrolle, ob alle wieder zurückgekehrt waren. Ich war jedenfalls nicht scharf darauf, die Nacht in einem engen Kanu mitten in einem riesigen Sumpfgebiet gemeinsam mit Schlangen und Alligatoren zu verbringen. Als wir dann irgendwann einem andern Boot begegneten, fiel uns ein Stein vom Herzen. Wir hatten uns doch nicht total verirrt.

Plötzlich stockte uns der Atem, als sich direkt vor uns ein gut drei Meter langer Alligator mit einem leisen Platsch in das Wasser gleiten ließ. »Die hätten uns doch nicht hier hereingelassen, wenn die gefährlich wären«, dachte ich.

Nur noch die Augen schauten aus dem Wasser, als er langsam auf uns zu schwamm. Wir brachten das Kanu zum Stehen und hielten den Atem an.

Laut Reiseführer fressen die ca. 20 000 hier ansässigen Alligatoren lieber Tiere als Menschen und auch der Park Ranger behauptete, sie seien Feiglinge und würden lieber weglaufen als anzugreifen. Außerdem seien Alligatoren Nachtjäger und lägen am Tag nur faul herum. Der Park-Ranger hatte zum Glück Recht, unser Ausflug lief, trotz Herzklopfen, glimpflich ab. Alle Arme und Beine waren noch vollständig vorhanden.

Die unberührte Natur war atemberaubend. Bäume und Sträucher in vielen herrlichen Farben. Majestätische Vögel thronen auf den Baumwipfeln und große Spinnen hängen in ihren Netzen zwischen den Zweigen. Auch Bären und alle Arten von Wasserschlangen soll es hier geben. Wie Sie sich vorstellen können, waren wir nicht besonders unglücklich, dass wir keinem dieser Exemplare begegnet sind.

Später im kleinen Zoo des Parks und bei der Vorführung eines Park-Rangers hatten wir allerdings Gelegenheit, in näheren Kontakt zu diesen Tieren zu kommen. Die Klapperschlange habe erst vor kurzem gefressen und nach einer üppigen Mahlzeit käme sie mehrere Wochen ohne Nahrung aus, versuchte uns der Rancher zu beruhigen, als er die Schlange mit einer Stange bis auf einen Meter vor unsere Füße dirigierte. Das Rasseln und Klappern mit dem Schwanz war aber trotzdem Respekt einflößend.

Da fällt mir gerade noch ein, in einem Park mit See mitten in Houston, Texas, haben wir auch einen Alligator gesehen.

Auch in Florida auf dem St. John's River kamen wir in Kontakt mit diesen Reptilien. Vielleicht wollte der Reiseleiter auf dem Airboat die Fahrt nur etwas spannender machen, als er uns erzählte, dass Alligatoren so schnell loslaufen können wie ein startendes Rennpferd. Weglaufen hat da wohl keinen Sinn.

Aber jetzt, bevor ich noch mehr abschweife, wieder zurück zum Old Man River. Es gibt noch so viel zu erzählen von dem Fluss mit seinen Legenden, Geschichten und Schicksalen, bemerkenswerten Städten und Landschaften.

Die Stadt Natchez, direkt am Mississippi gelegen, zum Beispiel. Im Jahre 1716 wurde sie als französisches Fort mit dem schönen Namen Fort Rosalie gegründet. Rund um das Fort entstand eine Ansiedlung mit dem Namen Natchez, benannt nach dem dort ansässigen Indianerstamm. Wie zu der Zeit üblich, dauerte es nicht lange, bis es zu Auseinandersetzungen mit den Indianern kam, die von den Weißen immer weiter verdängt wurden. Bis der Streit eines Tages eskalierte und die Indianer fast alle Franzosen bei einem Angriff töteten.

Bei einem Gegenschlag ein Jahr später wurden die Indianer von den Franzosen vollständig niedergemetzelt. Der kleine Ort konnte sich nie so richtig von dem Indianerangriff erholen. Erst 1798, als die Amerikaner die Ansiedlung übernahmen und eine Infrastruktur schufen, kam es zu einem Aufschwung und Natchez wurde zur Hauptstadt des Territoriums Mississippi erklärt. Als die Dampfschiffe aufkamen, entwickelte sie sich zum größten Baumwollhafen der Welt.

In den Jahren vor dem Bürgerkrieg war Natchez geprägt von der Herrschaft einer feudalen Oberschicht von Baumwollhändlern, Advokaten,

Regierungsbeamten und nicht zu vergessen den Plantagenbesitzern, die hier ihre Stadtvillen hatten. Zeitweise lebte die Hälfte aller Millionäre des Landes in dieser Stadt.

Während des Bürgerkrieges blieb die Stadt trotz Belagerung weitgehend verschont und viele der prachtvollen Antebellum-Häuser, so werden die Häuser der Vorkriegszeit genannt, sind bis heute erhalten.

Eine noch viel bekanntere Stadt am Fluss ist Memphis – eine Hafenstadt, altes Baumwollzentrum und ehemaliger Sklavenmarkt, »Home of Blues« und letzte Ruhestätte von Elvis Presley.

Nicht nur, dass wir dort einen Arbeitskollegen getroffen und einen tollen Abend bei leckeren Margaritas auf der legendären Beale Street verbracht haben, auch sonst ist uns die Stadt in guter Erinnerung geblieben.

Der King ist tot – lang lebe der King. Ich habe sofort an Elvis und Graceland gedacht, als ich hörte, dass wir auch durch Memphis kommen würden.

Graceland, das ist das ehemalige Wohnhaus des »Kings of Rock'n Roll«. Für den viel gerühmten »King« ein recht schlichtes Anwesen.

Ca ½ Million Besucher pro Jahr pilgert durch das Haus und das dazu gehörende Gelände. Graceland ist angeblich nach dem Weißen Haus die meist besuchte Sehenswürdigkeit der Vereinigten Staaten.

Mit einer Audio–Führung kann man durch das Haus gehen, sämtliche Schlaf- und Wohnzimmer und auch den berühmten »Jungle Room« (mit Wasserfall und grünem Teppich an der Wand) bewundern. Noch eindrucksvoller war für mich die Ausstellung seiner Gold- und Platin-Schaltplatten. Es gibt einen Extra-Raum mit den Auszeichnungen, die er nach seinem Tode erhalten hat und das sind nicht wenige, kann ich Ihnen sagen!

Hartnäckige Gerüchte behaupten, Elvis würde leben und hätte seinen Tod nur vorgetäuscht, um seinem eigenen Ruhm zu entfliehen. Die Stimme vom Tonband führte uns trotzdem in den Garten hinter dem Haus, wo sich sein Grab befindet.

Angeblich wurde er ja zwei Tage nach seinem Tod gesehen, als er für einen Flug nach Buenos Aires eincheckte. Nach offizieller Version jedenfalls ist er am 16. August 1977 gestorben. Elvis Presleys Tod war für Amerika eine nationale Tragödie. Präsident Carter hielt persönlich die Trauerrede. Etwa 75 000 Trauernde begleiteten den Trauerzug.

Von der Audio-Stimme wird man aufgefordert, einige Sekunden im Andenken an diesen großen Mann still zu verharren. Habe ich gemacht und auch versucht, eine Träne hervorzuquetschen. Das hat aber beim Anblick der vielen Plastikblumen und kitschigen Liebesbeweise seiner Fans rund um das Grab nicht so ganz funktioniert.

In der Erinnerung seiner Fans lebt Elvis Presley weiter.

Graceland ist natürlich nicht nur das Haus und das Grab. Auf dem Gelände gibt es auch noch seinen Privatjet, die »Lisa Marie«, benannt nach seiner Tochter, und das Auto-Museum mit dem »Pink Cadillac« zu besichtigen. Riesige Souvenirläden sorgen dafür, dass die Fans alles von ihrem Idol kaufen können, was das Herz begehrt. Ich konnte auch nicht widerstehen. Ein T-Shirt und eine Tasse musste ich unbedingt haben.

Memphis besteht aber nicht nur aus Elvis. Da sind zum Beispiel die Sun Studios, in denen Größen der Musikgeschichte wie Elvis Presley, Johnny Cash und Roy Orbison ihre ersten Schallplatten aufgenommen haben. In der Baumwollbörse wird ca. ein Drittel der in Amerika erzeugten Baumwolle gehandelt.

Sehr stilvoll empfing uns das altehrwürdige Peabody Hotel mit seinen berühmten Enten. Pünktlich jeden Morgen um 11 Uhr watscheln sie aus dem Aufzug, über einen extra für sie ausgelegten roten Teppich. Vorbei an einem Spalier von Menschen mit schussbereiten Kameras laufen sie zu einem kleinen Teich in der Hotelhalle. In der Lobby verbringen sie den Tag, bis es dann am Nachmittag mit der gleichen Zeremonie wieder zurückgeht. Das passiert jetzt schon seit vielen Entengenerationen immer auf demselben Weg.

Der Reiseführer hatte uns verraten, dass Mud Island, eine im Mississippi liegende Schlamminsel, besonders sehenswert ist. Und wieder mal hatte er Recht.

Die Insel ist über eine Schwebebahn, eine Fußgängerbrücke oder per Boot erreichbar. Wir haben die Schwebebahn genommen, da man auf dem Weg zur Insel einen tollen Blick über Memphis hat und wir so unsere Füße etwas schonen konnten.

Auf der Insel gibt es das kleine, aber feine Mississippi River Museum, mit Ausstellungen über die Geschichte und die Kultur der Menschen, die am und mit dem Fluss gelebt haben. Im Museum konnten wir durch die originalgetreue Nachbildung des Inneren eines Raddampfers schlendern.

An der Uferpromenade wurde ein 500 m langes Modell des Mississippis angelegt. Es zeigt den Flusslauf von Cairo, Illinois, das 270 km südlich von St. Louis liegt, bis New Orleans.

Mit jedem Schritt entlang des Flusslaufes legt man ca. 1,6 km der Originalstrecke zurück. Man hat Hinweistafeln mit Informationen über wichtige Orte und historische Ereignisse aufgestellt. Von den größeren Städten gibt es grobe Übersichtspläne direkt auf dem Boden. Wir konnten sogar die Straße finden, in der sich unser Hotel befand.

Von dort aus ist es nur ein Katzensprung zur Beale Street, der Amüsiermeile der Stadt. Hier tobt das Nachtleben. Eine Bar neben der anderen, in denen jeden Abend Live-Musik geboten wird.

Auf der Straße und den Plätzen spielten Live-Bands und die Luft schwang im Blues- und Rock'n Roll-Rhythmus. Tausende von Menschen pilgerten die Straße auf und ab und wir beide waren mittendrin. Da geht wirklich die »Wutz« ab, wie man so schön sagt. Dass wir uns dann die Bar mit wirklich klasse Margaritas, aber der schlechtesten Musik zum Ausruhen ausgesucht hatten, war unser persönliches Pech.

Traurige Berühmtheit hat das inzwischen zum Bürgerrechts-Museum umgebaute Lorraine Hotel erlangt. Hier wurde, wie bereits ein paar Seiten früher erwähnt, am 4. April 1968 Martin Luther King erschossen.

Im Zusammenhang mit Memphis muss ich schon wieder abschweifen und Ihnen noch etwas über eine andere »Musikstadt«, nämlich Nashville, erzählen. Zwar nicht am Mississippi, dafür aber mitten in Tennessee am Cumberland River gelegen. Auch bekannt als die »Country Music Capital of the world«.

Hier gibt es wie in Memphis eine Musikstraße mit vielen zünftigen Bars, in den jeden Tag Country–Bands Live-Musik spielen.

Alleine in dieser Stadt gibt es 50 Aufnahmestudios und 200 Musikverleger. Für ein paar Dollar kann man hier seine eigene Schallplatte aufnehmen. Schon so mancher großer Star hat in dieser Stadt ganz klein angefangen.

In der Country Music Hall of Fame kann man eine Ausstellung über diejenigen besuchen, die im Musikgeschäft erfolgreich tätig waren. Der Reiseführer versprach ein Museum, das ein Muss für jeden Liebhaber der Country Musik sei. Es ist eine tolle Sammlung alter Filmausschnitte, Zeitungsberichte und Kostüme. Hier kann man sich ausführlich über das Leben und Wirken seines Lieblingsstars informieren.

Außerdem befindet sich in dem Museum auch noch das Aufnahmestudio, in dem Elvis einst »Return to Sender« und Roy Orbison »Pretty Woman« aufgenommen hat.

Wir haben aber großzügig auf das Angebot verzichtet, für ein paar Dollar die eigene Platte aufzunehmen, so blamieren wollten wir uns dann doch nicht.

Die Stadt selber ist eine wirklich gelungene Mischung aus alten und neuen Gebäuden. Leider gehörte die Brücke, über die wir laut Wegbeschreibung direkt zu unserem Hotel gekommen wären, zu den älteren Bauwerken, denn sie wurde gerade abgerissen. Darum machten wir uns wohl oder übel auf einem abenteuerlichen Weg durch ein Gewirr von Einbahnstraßen auf die Suche nach unserem Hotel. Auch so kann man eine Stadt kennen lernen und sich eine Stadtrundfahrt sparen.

Als Belohnung für diese Irrfahrt – denn es war wirklich wie verhext: jede Straße, die wir hätten nehmen müssen, war eine Einbahnstraße – haben wir beschlossen, uns einen schönen Abend in einer Country Kneipe zu gönnen.

Die, die uns der Reiseführer empfohlen hat, haben wir aber gemieden: zu viele Touristen! Wir wollten lieber zu den Einheimischen. Die Auswahl an Bars ist riesig, eine neben der anderen.

Wir sind in einer richtig tollen Kneipe gelandet, die voll gehängt war mit Cowboy-Hüten und Stiefeln. Es gab das eine oder andere eiskalte Bier an der Bar und eine Live-Band spielte Cowboy-Musik – so richtig nach unserem Geschmack. Und das Beste: wir waren die einzigen Nicht-Amerikaner!

Wir hatten es uns inzwischen angewöhnt, vor Touristen-Ansammlungen zu fliehen. Auch bei unseren Busrundreisen haben wir es so gehalten. Wenn der ganze Trupp nach links ging, gingen wir nach rechts.

Wir sind selten in die Restaurants eingekehrt, die der Reiseführer empfohlen hat. Meiner Meinung nach gibt es kaum etwas Schlimmeres als eine Reisegruppe, die in ein Restaurant einfällt oder Massen deutscher Touristen, die bei Sehenswürdigkeiten auftreten.

Das war auch ein Grund, warum wir unsere letzten Touren alleine mit einem Leihwagen unternommen haben. Immer, wenn ich an deutsche Urlauber denke, habe ich automatisch das Bild des typisch deutschen männlichen Urlaubsreisenden vor Augen: Unterhemd über dem Bierbauch, kurze Hosen, schneeweiße Beine, die in Sandalen mit weißen Socken enden. Selbst in den abgelegensten und unzugänglichsten Gegenden trifft man auf diese Spezies.

»Wo ist denn jetzt der Grand Canyon«, fragte uns einmal ein deutscher Tourist mit einem unverwechselbaren sächsischen Dialekt, der gerade gemeinsam mit Dutzenden anderen aus einem Bus gequollen war. Vielleicht können Sie sich vorstellen, dass wir in Anbetracht der Tatsache, dass der gute Mann bereits direkt vor dem zirka einen Kilometer tiefen Abgrund des Grand Canyon stand, leider nur Englisch verstanden haben.

Das war natürlich nicht der einzige Grund, warum wir nach drei

Busrundreisen auf einen Leihwagen umgestiegen sind: Fahren, wohin man will und das besichtigen, was man für interessant hält! Einfach frei und unabhängig sein, ohne Rücksicht auf die Wünsche der anderen Reiseteilnehmer nehmen zu müssen!

Nur so kann man meiner Meinung nach das Gefühl von Freiheit und unendlicher Weite wirklich erleben, das eine Reise in die USA ausmacht.

Dabei stößt man auf ganz andere amerikanische Phänomene.

Die Bequemlichkeit ist ein weit verbreitetes Mysterium in den USA. Tausende Menschen fahren viele Meilen irgendwo hin, um sich etwas anzuschauen, fallen über die überall reichlich vorhandenen Souvenirshops her und bewegen sich nicht weiter als 100 Meter von ihrem fahrbaren Untersatz weg.

Orte, in denen man nicht ausgiebig einkaufen kann, werden von vornherein ignoriert. Ein schnelles Foto, aus dem Autofenster heraus geschossen, reicht als Andenken und Beweis für die Daheimgebliebenen völlig aus.

Wenn es mal unumgänglich ist, ein paar Meter zu laufen, stehen Golfwagen bereit, die man benutzen kann. Deshalb sind selbst überlaufene Parks – von den Besucherzahlen her gesehen – für nicht so lauffaule Besucher das reinste Paradies. Wir waren oft ganz alleine unterwegs und konnten die Stille der einsamen Natur genießen.

Die Ruhe und die Natur konnten wir auch bei einem andern Halt genießen. Bestimmt haben Sie auch schon mal im Fernsehen die Werbung gesehen, in der zwei Herren an einem Holzfass sitzen, Dame spielen und immer wieder betonen, dass dort alles seine Zeit braucht. Richtig! Jack Daniel in Lynchburg, Tennessee, die Stadt mitten im Nirgendwo. Dort, wo zumindest nach Meinung der Amerikaner der beste Whiskey der Welt hergestellt wird.

Die Destillerie wurde 1866 von Jack Danniel gegründet und sieht heute noch genauso aus wie damals. Nichts wurde verändert, auch der Whiskey wird noch genauso hergestellt.

Wir haben die Brennerei besichtigt und viel über die Herstellung von Whiskey gelernt. Die Tatsache, dass in dem County, in dem Lynchburg liegt, ein Alkoholverbot herrscht, hat leider verhindert, dass wir etwas von dem besten Whiskey der Welt probieren konnten.

Lynchburg ist ein kleines Dorf, wie einer Filmkulisse entnommen. Mit 350 Einwohnern und einer Ampel sieht es aus, als wäre die Zeit stehen geblieben, als Jack Danniel damals angefangen hat, Whiskey zu brennen.

Jetzt bin ich schon wieder vom Mississippi abgeschweift, dabei habe ich Ihnen von der größten Stadt von Louisiana, genannt »The Big Easy«, noch gar nichts erzählt. Ich meine damit New Orleans. Diese Stadt ist einzigartig, ein karibisch–französisches Völkergemisch, der größte Hafen der Welt. Die Stadt des Jazz und der kreolischen Küche. Die Heimat der Cajuns, Nachfahren französischer Auswanderer, die im 18. Jahrhundert von Kanada nach Louisiana vertrieben wurden.

Anfang des 18. Jahrhunderts wurde die Stadt als französische Kolonie gegründet. Die ersten Siedler waren entlassene Strafgefangene, Schuldner und Schmuggler. 45 Jahre später wurde die Stadt von den Spaniern erobert und ein paar Jahre später wieder von den Franzosen – aber diesmal nur für 20 Tage. Dann wurde das Sternenbanner gehisst und die Stadt gehörte zu den Vereinigten Staaten von Amerika.

Damals hatte sie die zweifelhafte Ehre, Operationsbasis für den berüchtigten Piraten Jean Lafitte zu sein.

Das Karnevalsfest, genannt Mardi Gras, ist eines der größten Feste in den USA. Mit Umzügen und privaten Feiern wird vom 6. Januar bis Karnevalsdienstag mit ausgefallenen Kostümen und viel Jazz-Musik ausgelassen gefeiert.

Im French Quarter, dem historischen Zentrum der Stadt, drängen sich in engen Gassen Ziegelsteinhäuser mit schmiedeeisernen Balkongeländern und blumengeschmückten Innenhöfen. Das ist das Touristen-Mekka der Stadt, zu dem es uns, wie auch alle anderen Reisenden, unwiderstehlich gezogen hat. Zu viel hatten wir schon von dieser Stadt gehört. Bereits Mark Twain schwärmte von ihr.

Das Zentrum bildet der Jackson Square mit den Gebäuden aus dem Jahre 1849, die als die ältesten Mietshäuser der USA gelten.

Die Bourbon Street, das Zentrum der Nacht- und Jazzlokale, verläuft quer durch das Viertel.

Hier und in den angrenzenden Straßen amüsiert man sich rund um die Uhr. Besonders nachts sind die Restaurants und Lokale dicht von flanierendem Publikum belagert. Jazztöne, Dixieland und Popmusik tönen aus den Klubs und Bars auf die Straße.

An jeder Ecke und auf jedem Platz spielen Bands und die Menschen tanzen auf der Straße. Handleser, Weissager und Karikaturisten bieten ihre Dienste an. In vielen Geschäften kann man Voodoo-Meister aufsuchen oder in kleinen, dunklen und gruseligen Läden Zubehör für den Hausgebrauch kaufen.

Ich habe eine Voodoo-Puppe erstanden. Sie wissen schon, so eine, in die man – als Ersatz für einen Menschen, den man nicht leiden kann – Nadeln stechen und der man die Haare ausreißen kann.

Das Essen in den Restaurants war vor allen Dingen eines – scharf! Es wird besonders geprägt von der kreolischen Küche. Gumbo, das ist ein kräftig gepfefferter Eintopf, in dem Stücke von Krebs, Hummer oder Hühnchenfleisch schwimmen, je schärfer, desto besser. Jambalaya, ein Reiseintopf, und Po'boy, das ist ein Sandwich mit Bratfisch auf französischem Weißbrot, gehören auch zu den Spezialitäten. Hüten sollte man sich allerdings vor der Louisiana Hot Sauce, von der jeder zweite Tropfen bereits zu viel ist.

Über das Essen in den USA muss ich Ihnen schnell noch etwas ausführlicher erzählen.

Am Eingang zum Restaurant wird man von einem Schild »Please wait to be seated« empfangen. Das heißt, wir konnten uns nicht einfach hinsetzen, wo wir wollten.

»Smoker« oder »non smoker«, wird man von einer sehr freundlichen

Bedienung gefragt und dann an einen entsprechenden Tisch geführt. Es ist üblich, dass der Verdienst der Kellnerinnen und Kellner zu einem großen Teil aus den Trinkgeldern besteht. Darum werden die Gäste gleichmäßig im Lokal verteilt, damit jeder die gleiche Chance auf einen »Tip«, so heißt das Trinkgeld, hat.

Die Raucher werden meistens in die hintere Ecke oder sogar in einen Extraraum gebracht. Obwohl man diese radikale Verbannung schon fast als Diskriminierung der Raucher ansehen kann, war es sehr angenehm, beim Essen nicht immer vom Nachbartisch eingequalmt zu werden.

Ich bin nicht der Meinung, dass wir alles den Amerikanern nachmachen sollten, aber bei so manchen Dingen sollten wir doch mal etwas genauer hinschauen.

Was die Freundlichkeit angeht, müssen wir auch noch viel lernen. Keine muffeligen und unfreundlichen Kellner: Überall wurden wir sehr freundlich von der Bedienung begrüßt, wobei sie sich mit dem Namen vorstellte.

Auch bei der Bestellung zeigten alle sehr viel Geduld. Amerika ist ein freies Land, was sich auch bei der Essensbestellung widerspiegelt. Es gibt kein festgelegtes Gericht, bei dem man höchstens mal die Beilage ändern kann, und bei jedem Sonderwunsch läuft man Gefahr, in das mürrische und leicht genervte Gesicht der Bedienung zu schauen. Nein, für jede Kleinigkeit gibt es verschiedene Wahlmöglichkeiten, die nacheinander abgefragt werden.

Beim Frühstück war es am schwierigsten. »Wie wollen Sie Ihre Eier?«, fragte der Kellner als Erstes: Rühreier mit Schinken oder Speck, Spiegeleier durch oder halb durch oder von beiden Seiten gebacken? Bratkartoffeln oder Kartoffelbrei? Toast, Pfannkuchen oder Biskuits dazu? Seitdem Cholesterin zum Volksfeind Nr. 1 zählt, wird auch Müsli oder Obst angeboten. Und zum Schluss wollte er auch noch wissen, ob wir Tee, Kakao oder Kaffee wollten.

Diese vielen Entscheidungen am frühen Morgen wurden dann allerdings mit Kaffee, soviel man wollte, entschädigt.

Beim Abendessen fand dann wieder eine ähnliche Fragestunde statt, für die die Bedienung wirklich viel Geduld aufbrachte.

Die Getränke werden kostenlos wieder aufgefüllt, sobald man ein paar Schlucke getrunken hat. Auch das könnte bei uns nachgeahmt werden.

Noch während wir aßen, wurde uns die Rechnung auf den Tisch gelegt. In den USA ist es nicht üblich, noch auf ein Glas Wein oder einen Kaffee sitzen zu bleiben. Es wird nur gegessen und dann gleich bezahlt. Meistens direkt bei einem Kassierer am Ausgang, wobei das Trinkgeld auf dem Tisch liegen bleibt.

Aber jetzt wieder zurück nach New Orleans, ich schweife schon wieder vom Thema ab.

Unser Hotel lag im Garden Distrikt, einem Bezirk mit vielen imposanten Vorkriegsvillen, alten Eichen und den St. Charles-Zügen. Das ist eine historische Straßenbahn, die den Garden District mit dem French Quarter verbindet.

Unser Hotel war eines dieser Vorkriegshäuser. Romantischer kann man in einer solchen Stadt kaum übernachten. Da wir uns dank der Straßenbahn auch ohne Auto in das Nachtleben stürzen konnten, war es nicht weiter schlimm, dass wir die »Happy Hour« übersehen hatten.

Statt der bestellten zwei Bier bekamen wir vier serviert und da ich auch noch den einen oder anderen Cocktail probieren wollte, waren wir froh, kein Auto mehr fahren zu müssen.

Im Norden der Stadt sind wir über die längste Brücke der Welt über den Lake Pontchartrain gefahren. 39 Kilometer führt die Brücke dicht über der Wasserfläche ans andere Ufer des Sees. Kilometerweit ist am Horizont nichts als Wasser zu sehen, endlose, leere Weite. Ich hatte das Gefühl, über das Meer zu fahren. Die Aussicht ist auf jeden Fall die Gebühr wert, die man für die Überfahrt bezahlen muss.

Die Straßen rund um die Stadt sind zu einem großen Teil auf Brücken durch ein nicht enden wollendes Sumpfgebiet gebaut. An einigen Stellen kann man eine Bootsfahrt machen, um in direkten Kontakt mit den allgegenwärtigen Alligatoren zu kommen. Wir haben das auch gemacht. Für einen Marshmallow waren sie sogar bereit, direkt neben dem Boot aus dem Wasser in die Luft zu springen.

Jetzt habe ich Ihnen schon so viel von der Ostküste erzählt, aber einige wichtige Städte, die man bei einer Reise durch den Süden der USA auf keinen Fall versäumen sollte, habe ich noch gar nicht erwähnt. Zwei Städte, die für das Flair und den Charme der Südstaaten stehen, sind Savannah und Charleston.

Charleston, wo am 12 April 1861 der erste Schuss des Bürgerkrieges auf das vorgelagerte Fort Sumner abgegeben wurde, war bis dahin die reichste Stadt der USA. Bis auf ein Maultier wurde bei diesem ersten Gefecht niemand verletzt oder getötet. Die Soldaten der Nordstaaten mussten allerdings kapitulieren und hatten somit die erste Schlacht verloren. Präsident Lincoln reagierte sofort und wertete den Angriff als Kriegserklärung. Der Krieg, Bruder gegen Bruder, hatte begonnen.

Im 17. Jahrhundert wurde die Siedlung von Europäern im heutigen South Carolina gegründet. Damals hieß sie allerdings noch Charles Town Landing, zu Ehren des Königs Charles II.

Die ersten 147 Siedler kamen mit drei Schiffen zu der von zwei Flüssen umgebenen Stadt und siedelten sich dort an. Die Stadt wurde zum größten Atlantikhafen, der vor allen Dingen genutzt wurde, um Sklaven heran- und Baumwolle und Reis wegzuschaffen.

Hier kann man leicht den Reichtum nachvollziehen, den die Plantagenbesitzer und Kaufleute anhäuften, steht im Reiseführer geschrieben. Heute zeugen 1 500 historische Gebäude auf einer Fläche von 10 qkm von der Lebensart des »Alten Südens«. Aufgrund dieser Bilderbuch-Architektur wird die Stadt als »Perle des Südens« bezeichnet, zu Recht finde ich.

Viele der historischen Häuser können heute besichtigt werden. Allerdings ist bei einigen der Zutritt für Yankees und Schwarze verboten, wie ich auf einem Schild am Eingang lesen konnte. Manche Dinge ändern sich nie.

Ich war fasziniert und fühlte mich sofort in die Filmkulisse eines Südstaatenfilmes versetzt. Rund um die Stadt kann man einige der noch erhaltenen Plantagen mit den ältesten Gartenanlagen der USA besichtigen.

Deutlich wird der Reichtum der Plantagenbesitzer auf der Plantage »Middleton Place«. Hier haben 100 Sklaven über 10 Jahre nur an den Parkanlagen gearbeitet. Es wurden Terrassen angelegt, Teiche ausgehoben und Alleen gepflanzt.

Wir haben die Boone Hall Pantage mit der berühmten »Avenue of Oaks« besucht, auf der der Film »Fackeln im Sturm« gedreht wurde. Ich wollte unbedingt auch einmal durch die Eichenallee mit dem von den Bäumen hängenden Spanish Moos gehen.

Diese Allee wurde von Thomas Boone, dem Sohn von Major John Boone, gepflanzt. Er gehörte zu den ersten Siedlern, die im Jahre 1681 mit der englischen Flotte hier ankamen.

Die leuchtend weißen Säulen des prächtigen Herrenhauses und die blühenden Azaleen und Kamelien haben mich leicht das Lebensgefühl der damaligen Zeit erahnen lassen.

Savannah, am Savannah River gelegen, ist nicht ganz so prächtig und herausgeputzt wie Charleston, strahlt aber ein ganz eigenes Flair und Ursprünglichkeit aus.

Im Jahre 1733 kam General Oglethorpe (den Namen wollte ich Ihnen auf keinen Fall vorenthalten) mit 120 Siedlern, um die 13. Kronkolonie, Georgia, zu gründen. Jeder Siedler in der Stadt bekam ein Grundstück mit Garten und außerhalb der Stadt Farmland.

Am Fluss entstand ein Hafenviertel mit dem Factors Walk, wo die Baumwollgeschäfte abgewickelt wurden. Die Häuser mit den alten Backstein-Fassaden sind noch originalgetreu vorhanden. Heute haben dort Geschäfte und Restaurants Platz gefunden, denn dieses Gebiet ist jetzt fest in der Hand der Touristen. Für die schönen alten Häuser ist das ein glücklicher Umstand, denn dadurch wurden sie restauriert und blieben erhalten.

Es war einfach herrlich, durch die kleinen und total überfüllten Geschäfte zu bummeln. Es gibt alles zu kaufen, echte Antiquitäten (zumindest nach Auskunft der Besitzer), Bilder in gemütlichen Galerien und natürlich viele Souvenirs.

Wie angenehm ist eine Pause im Straßencafe, ein kaltes Bier in einer der gemütlichen Bars oder leckerer, ganz frischer Fisch in einem der vielen Fischrestaurants direkt an der Promenade. Dabei haben wir die vielen vorbeifahrenden Schiffe beobachtet und von der großen, weiten Welt geträumt. Da Savannah einen Tiefseehafen hat, kommen auch die großen Tanker und Überseeschiffe hierher.

Anschließend war es bei einem Spaziergang durch den historischen Distrikt wieder mal leicht, sich in die große Zeit der Südstaaten zurückzuversetzen. Über 1 000 der Vorkriegshäuser wurden inzwischen originalgetreu restauriert.

Wie in einem Tagtraum sah ich Frauen in märchenhaften Kleidern mit zierlichen Sonnenschirmen und Männer in schicken Südstaatenuniformen durch die Straßen schlendern und auf den Straßen Kutschen fahren mit prächtigen Pferden. Ich habe wohl zu viele der alten Filme gesehen.

Wie vom Reiseführer empfohlen schlenderten wir durch alte Alleen und vorbei an einigen der 24 Parks, die bereits bei der Gründung der Stadt von Oglethorpe geplant und angelegt wurden.

Jetzt bleibt nur noch ein Bundesstaat, der mir immer als Erstes in den Kopf kommt, wenn ich an die USA denke. Florida, der »Sunshine State«, ist auch in Deutschland als Reiseziel sehr beliebt.

Das Land der Blumen und Orangen, in das jede neue Welle von Immigranten, angefangen im 17. Jahrhundert bis heute, neue Abenteurer und Aussteiger brachte. Sie träumten von einem neuen, leichten Leben. Das hat natürlich entscheidend die Kultur und die Geschichte von Florida geprägt.

Noch heute kommen Lebenskünstler und Individualisten in Orte wie Orlando, Fort Lauderdale, Daytona Beach, die Florida Keys und an erster Stelle Miami, um ihren Traum von einem unbeschwerten und leichten Leben am Strand zu erfüllen. Sich treiben lassen, die Sonne genießen und den Alltag vergessen, das sind die Ziele dieser Menschen.

Eine der größten Einnahmequellen dieses Bundeslandes ist der Tourismus. 40 Millionen Reisende machen Florida zum Anziehungspunkt für sonnenhungrige Touristen. Als 1911 die Klimaanlage erfunden wurde, entdeckten viele Ruheständler den »Sunbelt« und machten Florida zu »Amerikas Altersheim«.

Ein Schatten fällt aber auf das schöne Bild dieses perfekten Fleckens Erde. Das lukrativste Gewerbe ist der Drogenhandel. Über die Südspitze Floridas kommen alle Arten von Rauschgift ins Land. Die Schätzungen über das Gesamteinkommen schwanken, aber es liegt wohl über denen der gesamten amerikanischen Landwirtschaft. Viele Milliarden Dollar wurden in den Kampf gegen den Rauschgifthandel gesteckt. Das Übel der Sucht konnte damit aber nicht beseitigt werden.

Der Name Miami stammt von dem indianischen Wort »Mayaime« ab, das »großes Wasser« bedeutet. Gemeint war damit der Miami River, der südlich der Stadt in den Atlantik fließt.

Indianer, bevor sie erst von den Spaniern unterdrückt und nach Gründung der Vereinigten Staaten von den Amerikanern vertrieben und in Reservationen gesteckt wurden, siedelten im Gebiet des heutigen Miami schon vor etwa 4 000 Jahren. Die zurückgebliebenen Indianer, die sich der Vertreibung durch die Weißen widersetzen konnten, überfielen und töteten die ersten Siedler, die ihr angestammtes Land einfach besetzt hatten. Amerikanische Soldaten verkleideten sich daraufhin als Indianer und konnten so den Häuptling des Stammes der Seminolen töten.

Die spanischen Eroberer wie auch die Siedler aus Europa brachten Krankheiten mit in die »Neue Welt«. Durch Seuchen wurden ganze Dörfer ausgelöscht. Von einigen Stämmen überlebten nur wenige Familien. Erst vor ca. 50 Jahren wurde der Stamm der Seminolen offiziell von der Regierung anerkannt. Bis dahin fristeten die wenigen Überlebenden ihr Dasein, indem sie Alligatorenhäute und Wild gegen Munition und Lebensmittel eintauschten.

Die Geschichte der amerikanischen Indianer ist auch hier, wie im ganzen Land, geprägt von Unterdrückung, Vertreibung und Tod.

Die US-Regierung verschenkte das Land an alle, die bereit waren, das Gebiet mit Gewalt gegen die Ureinwohner zu verteidigen. Nicht gerade ein ruhmreiches Kapitel der amerikanischen Geschichte, aber nicht der einzige Vorfall dieser Art.

1896 wurde Miami mit 343 Bürgern gegründet und hat es bis heute auf immerhin ca. 5 Millionen Einwohner gebracht. Dazu beigetragen haben die beiden Weltkriege. Viele der hier stationierten Soldaten sind nach Kriegsende hängen geblieben.

Die Faszination am Verbrechen erlangte einen fragwürdige Höhepunkt, als der legendäre Al Capone während der 20er Jahre Miami als Standort seiner »Unternehmungen« auserkoren hatte.

Miami stand aber nie als Hauptstadt von Florida zur Debatte. Als Anfang des 19. Jahrhunderts Florida in das Territorium der USA aufgenommen wurde, stritten sich der Gouverneur und das Parlament, ob nun Pensacola oder St. Augustine die Hauptstadt werden sollte. Man konnte sich nicht einigen und schickte deshalb einen Reiter von Pensacola und einen Mann mit einem Boot von St. Augustine aus ins nördliche Florida, um einen Platz für die Hauptstadt zu finden.

Sie trafen sich an einem Ort, den die Apalachee-Indianer »Tallahassee«: »Alte Stadt« nannten. Die Hauptstadt war gefunden.

1824 tagte dort, in einer eilig errichteten Blockhütte, das erste M,al die Regierung.

Die wohl bekannteste Insel der 180 km langen und mit 45 Brücken verbundenen Inselkette der Florida-Keys ist Key West, die südlichste Stadt der USA.

Das ist ein Ort mit einem ganz besonderen Charme, geprägt von einer lockeren Lebensweise der vielen kubanischen Immigranten und natürlich von Ernest Hemingway. Er lebte hier neun Jahre mit seiner zweiten Frau Pauline und unzähligen Katzen. Natürlich sind wir nach einer ausgiebigen Besichtigungstour auch in seiner Lieblingskneipe, im »Sloppy Joe«, eingekehrt.

Wir haben einen »Hemingway« getrunken und uns dem Gefühl hingegeben, vielleicht auf dem gleichen Barhocker zu sitzen wie einst, recht häufig, der berühmte Schriftsteller.

Wie klein die Welt doch ist, habe ich festgestellt, als ich am südlichsten Zipfel von Key West, dem so genannten »Southernmost Point«, bei der großen Boje stand. An dem Ort, der die Stelle markiert, wo Kuba nur noch 150 Kilometer weit entfernt ist.

Viele reich verzierte prachtvolle Häuser zeugen auch heute noch von der bewegten Vergangenheit der Inseln. Damals lebten die Bewohner von der einträglichen Ausbeute der in den Riffen gesunkenen Schiffe. Key West zählte damals zu den reichsten Orten der USA.

Eine schwarze Totenkopfflagge wehte im Wind. Tollkühne Männer mit Säbeln und Messern bevölkerten die Straßen. Das Donnern der Geschütze, brennende Schiffe und beißender Rauch zeugten von erfolgreichen Beutezügen. Mit fröhlichen Liedern, Unmengen von Rum und dem Klimpern von schweren Goldmünzen feierten die siegreichen Freibeuter ihren Erfolg. Die Welt der Piraten aus Filmen und Büchern ist nicht weit von der historischen Wirklichkeit entfernt. So hat es sich wirklich zugetragen.

Die Freibeuter lauerten auf die spanischen Galeeren, die schwer beladen mit Schätzen aus der »Neuen Welt« auf dem Heimweg waren. Die Inseln und Buchten Floridas dienten ihnen Jahrhunderte lang als Schlupfwinkel. Noch heute ranken sich viele Legenden um diese Zeit und Taucher suchen noch immer nach versunkenen Schätzen.

Heute lebt der Ort nicht mehr von dem einträglichen Geschäft der Piraten, jetzt werden Touristen ausgenommen. Die Ströme von neugierigen Besuchern, die ständig durch die engen Gassen pilgern, zeigen, wie profitabel dieser Geschäftszweig ist.

In unzähligen Souvenir-Shops bleiben jetzt die Touristen-Dollars hängen. Obwohl der Kommerz teilweise unvorstellbare Ausmaße angenommen hat, zieht es immer noch Künstler, Aussteiger und Abenteurer auf die Insel.

Trotz allem ist noch das Flair der guten alten Zeit zu spüren. Subtropisches Klima, leuchtende Hibiskusblüten, weiße Sandstrände, die Villen und der Einfluss der Einwanderer aus der Karibik zeigen, warum sich Schriftsteller wie Ernest Hemingway hier heimisch fühlten.

Der Reiseführer versprach uns von Key West aus eine unvergessliche Fahrt mit dem Katamaran in den Sonnenuntergang. Und er hat nicht übertrieben. Auch wenn wir im Nachhinein vermutet haben, dass die kitschig-romantische Stimmung doch mehr am Sekt lag, der während der Fahrt ausgeschenkt wurde, war der Sonnenuntergang atemberaubend. Die anschließende Fahrt mit dem Bus zum Hotel war recht beschwingt. Die deutschen Trinklieder, die unser auch nicht mehr nüchterner, vor vielen Jahren aus Deutschland ausgewanderter und von Heimweh geplagter Reiseleiter singen wollte, sollten besser aus den Reiseerinnerungen gestrichen werden.

Weniger rührselig, aber dafür total aufgeregt besuchten wir den Ort, an dem die heroische Eroberung des Weltraums durch die Amerikaner begann.

»A dream is alive«, so heißt ein Film im IMAX Theater, das zum J. F. Kennedy Space Center, dem Weltraumbahnhof an der Ostküste Floridas, gehört. Auch für mich, als Star Trek-Fan wurde ein Traum wahr.

Die Geschichte der amerikanischen Raumfahrt begann bereits 1947, allerdings rein militärisch. Das Kriegsministerium verlegte seine Raketentests an die Ostküste Floridas. Erst 1958 wurde die NASA (National Astronautics and Space Administration) gegründet.

Schon bald umkreisten die vom J. F. Kennedy Space Center aus gestarteten Satelliten und bemannten Mercury- und Gemini- Raumkapseln die Erde.

Heutzutage kann man die Raumkapseln im Raketengarten und im Museum besichtigen. Mit einer geführten Rundtour kamen wir zu den

wichtigsten Gebäuden. Zum Beispiel der Halle, in der die Mondlande-
fähre montiert wurde. Oder auch dem 160 m hohen Gebäude, in dem
der Space Shuttle mit den zwei Trägerraketen vor dem Start aufrecht
montiert wird.

Auch das riesige Raupenfahrzeug, mit dem der Shuttle mit der einer
»Geschwindigkeit« von 1,6 Kilometer pro Stunde zur Startrampe gefahren wird, haben wir aus der Nähe besichtigt.

Die Wirklichkeit ist zwar noch weit von den Star Trek-Visionen von
Gene Roddenberry entfernt, aber die Menschheit ist auf dem Weg.

Der erste Shuttle wurde, auf Drängen einiger Star Trek-Clubs, »Enterprise« genannt. Bei der Taufe war die Crew der Film-Enterprise
anwesend und die Titelmelodie wurde gespielt. Ich bekomme immer
Gänsehaut, wenn ich daran denke, wie klasse es gewesen wäre, dabei
zu sein. Na ja, nicht alle Träume können in Erfüllung gehen. Immerhin
konnte ich mit meinem Besuch im Kennedy Space Center die ersten
Schritte der Menschheit zur Erforschung des Weltraums miterleben.


Über die Everglades hätten Sie bestimmt auch gern etwas erfahren, aber
wir sind nicht dort gewesen. Es gibt dort einfach zu viele Touristen. Ich
habe aber nachgelesen und kann Ihnen doch ein paar Informationen
über diese faszinierende Landschaft geben.

Von den Ureinwohnern, den Seminolen, wurde das Gebiet »Pay-hay-
okee« genannt. Das heißt soviel wie »Meer aus Gras«, das sich bis an
den Horizont erstreckt. Es wird nur von Hammocks, das sind kleine
Bauminseln, unterbrochen.

Die Everglades sind ein 80 km breiter, aber im Durchschnitt nur 15
cm tiefer Strom, der in den Golf von Mexiko fließt. Durch das flache,
dicht mit Schilfgras bewachsene Wasser und die langsame Bewegung
kann man ihn fast für einen riesigen See halten.

Diese Sumpflandschaft ist bevölkert von unzähligen Vogelarten,
Schlangen und Reptilien.

Die Alligatoren dösen in der Sonne, können aber blitzschnell lebendig werden, wenn ein passender Fisch vorbeischwimmt. Mit ihrem kräftigen Schwanz, der wie eine Peitsche durchs Wasser fegt, und den vielen scharfen Zähnen können sie auch den Menschen gefährlich werden.

Einige der Inseln wurden von den Indianern als Begräbnisstätten benutzt. Noch heute sind das die einzigen Flecken fester Erde, die nicht von Alligatoren bevölkert sind.

Weite Teile der Everglades wurden trockengelegt und Straßen quer hindurch gebaut. Als man endlich erkannte, dass das empfindliche Ökosystem einzigartig ist und geschützt werden sollte, waren bereits große Teile vernichtet. Durch Wasserentnahme für die Landwirtschaft und die Versorgung der umliegenden Städte schrumpft das Gebiet aber immer weiter.

Wie so oft, hat es auch hier fast zu lange gedauert, bis man merkte, dass die Natur nicht nur ausgebeutet werden darf, sondern gehegt und gepflegt werden muss.

Plantagenhaus in den Südstaaten

Eichenallee der Boone Hall Plantage. Hier wurde »Fackeln im Sturm« gedreht.

Schaufelraddampfer auf dem Mississippi

Auf Tuchfühlung mit einem Alligator

Kanal in den Okefenokee-Sümpfen

Die ehemals reiche Stadt Natchez

Das Haus von Elvis Presley in Graceland

Die Grabstätte von Elvis im Garten seines Hauses

Die berühmten Enten im Peabody Hotel in Memphis

Typisches Haus im French Quarter in New Orleans

Südlichster Punkt der USA auf Key West

Vorkriegsvilla auf Key West

# Get your kicks on route 66.

Von den glorreichen Südstaaten mache ich jetzt einen Sprung in eine vollkommen andere Ecke der USA mit einer ganz eigenen Geschichte.

Gehören Sie vielleicht auch zu denjenigen, die John Steinbeck mit seinem Buch »Früchte des Zorns« in seinen Bann gezogen hat?

Genau, eine unserer Reisen führte uns auf die alte Route 66! Die berühmteste Straße der Welt, auch genannt die »Mother Road« oder die Hauptstraße der Vereinigten Staaten. Ein Asphaltband, das die von Henry Ford mobilisierte Nation in eine neue Zeit versetzte.

Diese Straße weckte viele Sehnsüchte und entwickelte in den 30er und 40er Jahren einen einzigartigen Mythos, der bis heute anhält.

Den Musiker Bobby Troup inspirierte die Straße zu seinem Song »Get your kicks on route 66«, der die Sehnsucht und das Route-66-Feeling treffend zum Ausdruck bringt.

Auch an uns ging der Wunsch nach Freiheit und Weite nicht spurlos vorbei. Und so machten wir uns auf die Reise nach Westen, die für uns so viel einfacher und bequemer war als für die Leute in den 30er Jahren.

Eine schnurgerade Straße, alte, halb verfallene Truckstopps und Neonschilder, die auf schon längst nicht mehr existierende Motels hinweisen. Immer wieder stehen kleine Gruppen von aufgegebenen, verrosteten Autos im kniehohen Gras.

Entlang dieser Straße finden sich die Träume und Sehnsüchte einer ganzen Nation wieder.

Sie beginnt am Jackson Boulevard in Chicago und endet nach 2 448 Meilen oder 3 800 km am Pier von Santa Monica in Los Angeles, der Riesenstadt am Pazifik. Dabei durchläuft sie drei Zeitzonen und acht Bundesstaaten. Die erste durchgehende, zweispurige Straße, die Ost und West miteinander verband.

Bereits 1928 konnten die schon damals autoverrückten Amerikaner von Chicago nach Los Angeles, also quer durch das Land fahren, ohne die Straße zu wechseln. 1926 war auch das Jahr, als Henry Ford die Preise für das Automobil senkte und die »4-wheels« für viele Amerikaner erschwinglich wurden. Damals allerdings noch verbunden mit vielen Strapazen: ohne Asphaltbelag (der erst 1938 fertig gestellt wurde), ohne Motels, Restaurants und mit nur sehr wenigen Tankstellen, führte die Straße durch die Wüste und über kurvige Bergpässe.

Die Route 66 war die Straße der überhitzten Kühler, der geplatzten Reifen und der Autos ohne Klimaanlage. Motels, Restaurants und Truckstopps entstanden erst später, so war eine Reise in den Westen damals noch ein richtiges Abenteuer. Eigentlich genau das Richtige für Holger, oder?

Während der Weltwirtschaftskrise und nach verheerenden Dürrekatastrophen machten sich viele Verzweifelte auf den Weg in das vermeintlich gelobte Land, nach Kalifornien. In dieser Zeit hat die Straße viele Schicksale geprägt.

Besonders im Sommer 1930, aber auch in den darauf folgenden Sommermonaten wurde vor allem Oklahoma von vorher nie da gewesenen Dürrekatastrophen und Staubstürmen heimgesucht. Lange Karawanen von »Okies« (so werden die Einwohner von Oklahoma genannt) fuhren mit ihren klapprigen, alten Ford T's über holprige Schotterstraßen in Richtung Westen, in das Land, in dem – ihrer Meinung nach – Milch und Honig flossen. Mit ihrem gesamten Hab und Gut zogen sie los. Die Menschen besaßen nichts als die Hoffnung, dass die Straße sie in ein besseres Leben führen würde. Viele erreichten ihr Ziel nie!

John Steinbeck hat dieses Elend in seinem Buch beschrieben und den Mythos unsterblich gemacht. Er beschreibt den Exodus einer verarmten Farmerfamilie mit dem Namen Load aus Oklahoma.

Bei Kriegsausbruch 1940 erhielt die Straße einen neuen Aufschwung. Die Rüstungsindustrie investierte viel, um Waffentransporte und Truppenbewegungen durchführen zu können. Es begann das goldene Zeitalter der Route. Die Reisenden wurden anspruchsvoller, stellten höhere Erwartungen an Motels und Restaurants. Stoßstange an Stoßstange rollten die chromglänzenden, mit vielen PS ausgestatteten Autos über die Route 66.

Noch in den 60er Jahren begann der Stern schon wieder zu sinken. Hotelkonzerne und Fast-Food-Ketten begannen die Familienbetriebe zu verdrängen. Es entstand eine genormte Gastronomie, die keinen Platz mehr für Individualität ließ.

Nicht mehr Existenzangst und Hunger waren Gründe, auf die Reise zu gehen. Es kam nicht darauf an, möglichst schnell sein Ziel zu erreichen, es genügte auf der Straße unterwegs zu sein, denn der Weg war das Ziel.

Als der Interstate parallel zur Route 66 gebaut wurde, verlor die Mother Road immer schneller an Bedeutung. Erst die neue vierspurige, ampel- und kreuzungsfreie Straße bot den amerikanischen Autofahrern verkehrsgerechten Komfort. Der Weg wurde schneller und bequemer. Wer es sich allerdings leisten konnte, nahm das Flugzeug, mit dem die Strecke in vier Stunden statt in vier Tagen zu schaffen war.

Die Route 66 verlor den Highway-Status. Von Chicago bis Los Angeles wurden die Hinweisschilder entfernt und die Straße verschwand von den Landkarten. Die Geschichte hatte den Highway überholt.

In allen acht Route-66-Staaten haben Fans Vereine gegründet, deren Ziel es ist, die Straße und den Mythos zu erhalten. Die noch erhaltenen Streckenabschnitte werden wie Denkmäler behandelt. Die Straße ist Geschichte, aber die Träume sind noch immer aktuell und lebendig, so dass die Straße unter Denkmalschutz gestellt und mit braunen Schildern markiert wurde: »Historic Route 66«.

Für sentimentale Amerikaner und Besucher, wie wir es sind, ist die Route heute eine Pilgerfahrt in die Vergangenheit, ein Stück lebendige Nostalgie, eine Welt der Träume und Sehnsüchte zwischen Chicago und Los Angeles.

# Der Weg ist das Ziel

Wir hatten uns das große Ziel gesetzt, jeden noch verbliebenen Meter der Straße zu fahren. Und so machten wir uns auf nach Chicago, um am Grant Park, dort wo die Route beginnt, zu starten.

Unsere erste Reise mit dem Auto. Viele Freunde und Bekannte hatten mir über das Autofahren in Amerika erzählt:

Fahre auf keinen Fall schneller als erlaubt, das wird teuer. Parke nie vor einem Hydranten und überhole nie einen Schulbus, wenn gerade Kinder ein- und aussteigen. Solche und ähnliche Ratschläge und gute Tipps bekam ich zu Dutzenden.

Überrascht haben mich die Disziplin und unerschütterliche Ruhe, die die Amis beim Autofahren zeigen. Häufig haben an Kreuzungen alle Straßen ein Stoppschild. Wer als Erster an der Kreuzung ist, fährt auch zuerst. Danach geht es im Uhrzeigersinn weiter und zwar immer ein Auto pro Straße.

Will man von einem Parkplatz auf die Straße fahren, kann es passieren, dass alle anhalten und einen in den Verkehr einfädeln lassen. Wir kamen aus dem Staunen nicht heraus.

Wenn wir mal auf der falschen Spur waren, kein Problem. Einfach blinken oder die Hand aus dem Fenster strecken. Alle fuhren langsamer und ließen uns die Fahrbahn wechseln. Das funktioniert auch bei Straßen mit 5 stark befahrenen Fahrspuren in eine Richtung!

Wir waren einmal ganz rechts und mussten auf die Linksabbiegerspur. Kein Problem, Hand aus dem Fenster und wir konnten rüber fahren, alle hinter uns haben Rücksicht genommen.

Auch das »Schlafen« an der grünen Ampel ist kein Problem und verursacht keine Hupkonzerte. Ausgerechnet als ich fuhr, musste uns das natürlich passieren.

Wir standen als Erste an einer Kreuzung und waren mit der Straßenkarte beschäftigt. Erst bei der zweiten Grünphase stellten wir erschrocken fest, dass sich eine lange, aber geduldig wartende Autoschlage hinter uns gebildet hatte. Keiner hatte gehupt, können Sie sich das vorstellen?

Ein Amerikaner geht übrigens im Durchschnitt nur 2,25 Kilometer in der Woche zu Fuß. Ich schätze mal, das entspricht dem Weg von der Garage zur Haustür und vom Parkplatz zum Shopping-Center. Nur im Stadtzentrum der größeren Städte gibt es überhaupt Bürgersteige. Ein typischer Amerikaner fährt mit dem Auto, auch wenn sein Ziel nur auf der anderen Straßeseite liegt. Nicht selten waren wir auch gezwungen, das Auto zu nehmen, da an einer vier- oder sechsspurigen Straße ohne Fußgängerampel oder Zebrastreifen ein Überqueren unmöglich war.

»Hat Ihr Auto eine Panne, kann ich Ihnen irgendwie helfen?«, fragte uns einmal ein sehr freundlicher Autofahrer, der extra angehalten hatte. Es war für ihn unvorstellbar, dass wir nur spazieren gehen wollten.

Aber noch waren wir keinen Meter gefahren. Völlig übermüdet standen wir am Flughafen in Chicago, dem mit dem höchsten Flugaufkommen der Welt, und versuchten herauszufinden, wie wir nun an unseren Leihwagen kommen konnten. Wir brauchten einen Shuttlebus, um zu der außerhalb gelegenen Verleihstation zu fahren. Auf diesem riesigen Parkplatz standen – so weit ich schauen konnte – nur diese großen Autos, die man aus amerikanischen Spielfilmen kennt. »Hoffentlich haben die auch kleine Autos«, war das Erste, was mir einfiel.

Ich hatte nur noch den Gedanken im Kopf, dass wir doch quer durch Chicago und Los Angeles fahren wollten und dort vielleicht auch ab und zu einen Parkplatz brauchten.

Wir hatten zwar ein kleines Auto angemietet, aber da es so etwas in Amerika wohl nur auf dem Papier gibt, saßen wir ein paar Minuten später in so einem großen Schlitten und machten erste Versuche mit der Automatik.

Auf der Fahrt durch Chicago während der Rushhour wurde mein Alptraum war. Es gibt dort sogar Auf- und Abfahrten zur Autobahn auf der linken Fahrspur!

Mit einem Stadtplan, viel Glück und der rücksichtsvollen Fahrweise der Amerikaner haben wir unser Hotel bald gefunden. Bei dem atemberaubenden Ausblick aus unserem Fenster direkt nach Downtown, dem Bankenviertel mit dem Sears Tower, war der erste Schreck schnell vergessen.

Viel Zeit zum Ausruhen hatten wir nicht, denn wir wollten die Stadt am Lake Michigan erobern.

Bereits 1885 wurde hier der erste Wolkenkratzer der Welt mit einem Stahlgerüst gebaut. Diese Erfindung war aus der Not heraus geboren. 1871 hatte ein verheerendes Feuer die Stadt aus Holzhäusern fast vollkommen vernichtet.

Dank der Lage an der Eisenbahnlinie von New York nach Los Angeles und der Verbindung über den Mississippi zum Golf von Mexiko wuchs die Stadt rasch. Bereits 1890 hatte die Einwohnerzahl die Millionengrenze erreicht.

Heutzutage gilt die Stadt als Geburtsort der Wolkenkratzer und Heimat des Blues.

In dieser Stadt mit ca. 3 Millionen Einwohnern leben 80 verschiedene ethnische Gruppen. Über 40 % sind Afroamerikaner – ehemalige Sklaven, die nach dem Bürgerkrieg nach Chicago kamen. Zeitweise war die Gruppe der Deutschen die Größte der Stadt. Noch heute gibt es 80 deutsch-amerikanische Vereine. Deutsche Restaurants bieten Würstchen, Aufschnitt und Knödel an.

Die Zeitung »Amerikanische Woche« wird immer noch in deutscher Sprache gedruckt. Außerdem leben in der Stadt auch 25 000 Indianer, die 40 verschiedenen Stämmen angehören.

Viele Völker haben sich in direkter Nachbarschaft angesiedelt, aber ihre Eigenständigkeit mit Restaurants, Geschäften, Buchläden und Museen bewahrt. Davon profitieren natürlich auch die Touristen. Wir haben jedenfalls im griechischen Viertel sehr lecker gegessen.

Nicht so viel Erfolg hatten wir am ersten Abend, als wir typisch amerikanisch essen wollten. Mit knurrendem Magen standen wir vor dem

Mc Donald's im Bankenviertel, der bereits um 19 Uhr seine Türen schließt. Kaum vorstellbar, denn selbst bei uns sind diese Restaurants bis spät in die Nacht geöffnet.

So sind war in einem kleinen, gemütlichen Restaurant am Loop gelandet. Der Loop, das ist die Schleife, auf der die Hochbahn ratternd auf rostigen Schienen um das Geschäftsviertel fährt.

Bekannt wurde diese Bahn durch unzählige Filme und viele Verfolgungsjagden zwischen Polizei und Gangstern kreuz und quer unter den Stützen der Gleise.

Al Capone, der legendäre Gangsterkönig, hat in diesem Viertel in den 20er und 30er Jahren sein Unwesen getrieben. Er organisierte den Alkoholhandel während der Prohibition, bestach Politiker und kassierte Schutzgelder. Er machte Karriere als Chef der organisierten Kriminalität, die nicht wenige Morde zu verantworten hatte. Die Polizei war lange Zeit machtlos, da Al Capone nichts nachgewiesen werden konnte. Wie immer siegte am Ende doch das Gute. Die Steuerfahnder entdeckten riesige Steuerschulden und schickten ihn in das Zuchthaus Alcatraz. Einige Jahre später starb er dort, wenig heldenhaft, an den Folgen einer verschleppten Syphilis.

Wir wurden auch unfreiwillig auf wenigen Zentimetern Film festgehalten. Als wir nichts ahnend um eine Ecke kamen, standen wir plötzlich vor einer Filmkamera und einem heftig winkenden und schimpfenden Regisseur. Wir konnten ja nichts dafür, dass der Bereich nicht abgesperrt war und die Szene wohl noch mal gedreht werden musste. Auf jeden Fall haben wir uns noch den ganzen Tag über den wütenden Regisseur amüsiert.

Das Wahrzeichen der Stadt, den Sears Tower, haben wir gemieden – wieder mal zu viele Touristen! Der Hancock Tower ist nur wenige Meter niedriger, aber kaum besucht. Man hat von oben einen fantastischen Blick auf die größten Hochhäuser der Welt und den Michigan See, der bis an den Horizont reicht.

Auch ein Ausflug mit einem der Ausflugsboote stand auf der Tagesordnung: durch eine kleine Schleuse auf den See hinaus und auf dem Chicago River unter einigen der 52 Hebebrücken hindurch ein Stück durch die Stadt.

Nach drei faszinierenden Tagen in dieser Stadt mussten wir uns leider von ihr trennen.

Das Auto war voll getankt, die Straßenkarten lagen griffbereit und wir hatten genug Verpflegung eingepackt. Von der spektakulären Wolkenkratzer-Architektur aus starteten wir auf unsere Reise in die Vergangenheit. In den Randbezirken von Chicago wurden wir mit dem Teil der Bevölkerung konfrontiert, der den »Amerikanischen Traum« nicht verwirklichen konnte. Das erste Stück der Route 66 führt durch einen Stadtteil mit eingeschlagenen Schaufenstern und zugenagelten Eingangstüren an Geschäften und Restaurants. Ein richtiges Ghetto umschließt die Stadt. Das war ein regelrechter Schock gleich zu Beginn unserer Reise.

Nichtsdestotrotz folgten wir dem uramerikanischen Drang in Richtung Westen, immer dem Sonnenuntergang entgegen. Der Highway der Hoffnung, der Flucht oder der Sehnsucht lag vor uns, das Symbol für Freiheit und Abenteuer und den Aufbruch in eine bessere Zukunft.

Für jeden richtigen »Routie« ist die einzige wahre Art zu fahren, die von Ost nach West.

Ein Dichter schrieb einmal: eastward I go only by force, but westward I go free (nach Osten gehe ich nur, wenn ich muss, nach Westen aber freiwillig).

Nichts war vergleichbar mit dem Gefühl, endlich unterwegs zu sein. Ich war aufgeregt, hatte Schmetterlinge im Bauch und war stolz, diesen Teil der amerikanischen Geschichte selber miterleben zu können. Ich hatte total vergessen, dass wir mit einem modernen Auto unterwegs waren und allen Komfort von Hotels nutzen würden. Egal – dabei sein war alles!

Unsere erste Etappe von Chicago nach St. Louis war nicht sehr ergiebig für unser Route 66-Meilenkonto. Immer wieder mussten wir auf die Autobahn ausweichen. Es ist nicht mehr viel von der Route erhalten.

Das Dixie Truckers Home, der Truck Stop mit Tankstelle, der 1928 erbaut wurde, gilt als der erste richtige Truck Stop der Route. Er sieht aus wie aus einer Road-Movie-Kulisse entsprungen. Er ist ein obligatorischer Stopp für Trucker aus dem ganzen Land – und auch für uns. Mit etwas Glück kann man ein Filmteam antreffen.

1965 musste er nach einem Brand für einige Stunden geschlossen werden. In vierter Generation von der Familie Beelar geführt, war er seit Eröffnung 365 Tage im Jahr, 24 Stunden am Tag geöffnet. Das gebratene Huhn schmeckt noch genauso wie am Tag der Eröffnung, wird uns versichert.

Laut Reiseführer soll hier auch ein Route-66-Museum sein. Wir haben es nicht gefunden, aber was soll's, die Tour hatte gerade erst begonnen und es würden noch einige andere Museen an der Strecke liegen.

Ab jetzt gab unser Reiseführer so genaue Anweisungen wie: Folgen Sie der Main Street und biegen Sie am zweiten Stoppschild rechts ab. An der Texaco Tankstelle biegen Sie dann nach links ab und nach 2,7 Meilen rechts auf die State Road 53. Nach 1,3 Meilen sollten Sie Ihren Fotoapparat bereit halten, eine alte Tankstelle erinnert an die gute alte Route-66-Zeit. Wie noch öfters auf unserer Reise hatten wir erhebliche Schwierigkeiten, den Anweisungen zu folgen.

Die Texaco-Tankstelle gab es nicht mehr und die Meilenangaben waren oft mehr als ungenau. Straßenschilder waren sowieso kaum vorhanden und Ausschilderungen zu Sehenswürdigkeiten Fehlanzeige. Hier war Pfadfindergeschick gefragt.

Wir haben es schon bald aufgegeben zu zählen, wie oft wir wenden mussten. Aber mit viel Geduld und der Hilfe der Einheimischen haben wir doch fast alles gefunden.

Die Luft über dem flachen Land von Illinois war heiß und schwül. Am Straßenrand entdeckten wir die Überreste einer alten Tankstelle. Vor jedem der verstreut liegenden weißen Farmhäuser wehte die obligatorische amerikanische Flagge träge im Wind.

Zum ersten Mal sahen wir die Siedlungen mit den übergroßen Wohnwagen und den Mobile-Homes, die die Amerikaner oft richtigen Häusern vorziehen. Auf der Autobahn kann einem schon mal ein Truck mit einem halben Haus auf der Ladefläche entgegenkommen. Meist folgt dann wenige Minuten später die zweite Hälfte. So einfach kann Umziehen sein. Früher zog man mit Planwagen durch die Prärie, heute lädt man sein Haus einfach auf den LKW.

Ein verlassener Bahnhof und eine alte Zapfsäule wiesen uns den Weg nach Funk's Grove. Die einsam gelegene, vor 140 Jahren von deutschen Einwanderern gegründete Ahorn-Sirup-Farm liegt mitten in einem Wald von uralten Ahornbäumen.

Es sollte eigentlich einfach sein, diesen Ort zu finden! Nicht aber, wenn wir zwischen mehreren verlassenen Häusern wählen mussten, die alle an mit Blumen zugewachsenen Eisenbahnschienen stehen, und selbstverständlich den falschen Weg aussuchten. Wieder mal mussten wir umdrehen und den richtigen Weg suchen.

Die Route 66 hatte einst Kunden und Geld in den kleinen Ort gebracht. Das ist vorbei. Die Autobahn führt zwar quer über die Farm, es gibt aber keine Ausfahrt.

In einem kleinen Laden kann man von einem Mitglied der Familie Funk alles über die Herstellung von »Funk's Pure Maple Sirup« (Funks reiner Ahorn-Sirup) lernen, Erzählungen über die »gute alte Zeit« zuhören oder einfach nur ein Glas Sirup kaufen.

Auf einem alten und romantischen Friedhof konnte ich einiges über diese Familie erfahren. In Amerika werden die Gräber nie aufgelöst und sind darum die reinsten Geschichtsbücher. Seit damals, als die ersten Mitglieder der Familie von Deutschland nach Amerika auswanderten, ist ihr Leben auf den Grabsteinen dokumentiert.

Eine alte Bahnstation zeugt von der Zeit, als der Besucherstrom nie abriss und die Route direkt an Funk's Grove vorbei führte.

Da leider einige Meilen auf der Autobahn gefahren werden mussten, haben wir Zeit gewonnen und konnten mal schnell bei Abraham Lincoln auf dem Friedhof in Springfield, Illinois, vorbei schauen. Das Grab ist eine Wallfahrtstätte für jeden aufrechten Amerikaner (na ja, zumindest für jeden Nordstaatler). In dem beeindruckenden Monument ist Lincoln mit Gattin und drei seiner Kinder bestattet.

Vor dem Eingang steht sein riesiger Kopf in Bronze gegossen. Wenn man seine Nase berührt, soll das Glück bringen. Sie ist bereits ganz abgegriffen, wie blank poliert. Ich konnte es mir auch nicht verkneifen, diesem großen Mann an die Nase zu fassen – Glück kann man ja nie genug haben!

Im Inneren steht der steinerne Sarg und an den Wänden sind viele Zitate von ihm für die Nachwelt verewigt.

Wir sind auch durch Lincoln gekommen, die einzige Stadt, die nach ihm benannt wurde. Als ihm das zu Ohren gekommen war, hat er den Ort mit dem Saft einer Wassermelone getauft.

1924 gegründet, gehört das »Ariston Cafe« in Litchfield zu den Klassikern der Route 66. Ein Edelstein zwischen Burger King, McDonald's, Taco-Bell's und den vielen anderen Fast-Food Läden. Es ist eines der wenigen Restaurants entlang der Straße, die noch in Familienbesitz sind.

Schon der Schritt durch die Eingangstür ist wie der Sprung zurück in die Vergangenheit. Die Herzlichkeit und Aufgeschlossenheit der Amerikaner hat uns auch hier wieder überwältigt.

Da der Kuchen, gewürzt mit vielen Geschichten, so berühmt ist, habe ich ihn unbedingt probieren müssen. Ich war kaum überrascht, als die Kuchenauswahl, die uns auf einem riesigen Tablett gezeigt wurde, genauso aussah wie in jedem Bildband und Reiseführer abgebildet.

Warum auch immer, wir wurden auch hier sofort als Nichtamerikaner erkannt. Die Besitzer wollten sofort wissen, wo wir herkamen und wohin wir weiterfahren wollten. Sie und alle Anwesenden waren total begeistert, dass deutsche Touristen die Route abfahren und konnten es kaum glauben. Einige der älteren Gäste hatten die Glanzzeit noch erlebt und wussten viele Geschichten und Anekdoten über das Ariston Café und den Highway zu erzählen.

Schnell wurden alte Fotoalben herausgekramt – wie überall auf unserer Reise. In vielen Gästebüchern oder direkt in den Fotoalben mussten wir unterschreiben. Auf den alten Bildern konnten wir sehen, dass sich in dem letzten halben Jahrhundert nicht viel verändert hatte. Am liebsten wären wir den ganzen Tag dort geblieben, um uns die Geschichten anzuhören.

Durch die Tür fanden wir mit einem Schritt wieder zurück in die Zukunft. Unser Zeitplan war sehr eng und wir mussten uns viel zu schnell wieder »auf die Socken« machen.

Überall wurden wir als »Routies« herzlich empfangen und aufgenommen. In jedem der baulichen Zeitzeugen, ob es nun Cafés, Motels oder Restaurants waren, gab es Bewohner, die die »gute alte Zeit« noch erlebt hatten und begeistert davon erzählten.

Mit vielen guten Wünschen und einigen Andenken wurden wir immer wieder auf die Reise geschickt

Unser Weg führte uns weiter in Richtung Südwesten durch Missouri. Bei der Fahrt über den Mississippi River fällt als erstes der Gateway Arch ins Auge: wir waren in St. Louis.

Der Gateway Arch symbolisierte für Tausende von Pionieren »das Tor zum Westen«. Mit »Westward-Ho« riefen sich Hunderttausende den Mut zu, den man brauchte, um nach monatelangen Reisen über Stock und Stein seinem Glück im fernen Westen näher zu kommen.

So sollte es auch für uns sein. Nur viel bequemer und ungefährlicher natürlich: – nicht mehr in langen Kolonnen mit Planwagen durch die staubige Prärie, sondern bequem im klimatisierten Auto – hoffentlich ohne Indianerüberfälle – und jede Nacht in einem weichen Hotelbett.

Aber trotz aller Annehmlichkeiten der modernen Zivilisation hatte ich das Gefühl, zu den ersten Siedlern zu gehören, als ich durch den Bogen ging.

St. Louis wurde Mitte des 18. Jahrhunderts von Pelzhändlern gegründet. Sie hatten diesen Platz ausgewählt, weil es von Büffeln, Bären, Ottern und anderem Wild nur so wimmelte.

Durch die Lage am Mississippi war der Ort von New Orleans und vom Golf von Mexiko aus leicht zu erreichen. Der Erfolg war garantiert. Die Verlierer waren mal wieder die Tiere. Büffel zum Beispiel wurden vollständig ausgerottet.

Mit Ankunft des »eisernen Rosses« kam auch ein ständiger Strom von Immigranten in die Stadt. Durch die Eisenbahn siedelte sich viel Industrie an. 1904, während der Weltausstellung in St. Louis, wurde die Menschheit mit der ersten Eistüte, mit Hot Dogs und Eistee überrascht.

Den Gateway Arch, der sich auf dem Gelände der ersten Ansiedlung befindet, haben wir – angefeuert durch unseren Entdeckerdrang – auch unsicher gemacht. Er ist 192 m hoch und aus 886 Tonnen rostfreiem Stahl gebaut. Wie ein Regenbogen ragt er in den Himmel und spiegelt sich in der Sonne. Er ist das höchste Denkmal der USA.

Auf dem Rasen unter dem Bogen standen einst das erste Siedlungshaus und der erste Handelsposten.

Ein Aufzug mit kleinen Gondeln, in die fünf Personen passen, fährt bis zur Bogenmitte auf eine Aussichtsplattform. Der Blick über die Stadt, den Mississippi und das bis zum Horizont reichende Farmland ist überwältigend.

Am Abend im Hotel hatten wir eine etwas peinliche Begegnung mit zwei älteren Damen. Na ja, vielleicht war es für Holger peinlicher als für mich. Männer habe doch oft Probleme damit, wenn Frauen besser über Autos Bescheid wissen als sie selbst. Jedenfalls lag Holger unter unserem Auto und versuchte herauszufinden, woher die Pfütze kam, die schnell größer wurde.

Zwei ältere Damen erklärten uns sehr freundlich, dass Pfützen unter dem Auto bei den Klimaanlagen amerikanischer Autos ganz normal seien, wir müssten uns also keine Sorgen machen.

Die beiden hatten wohl schon öfter Kontakt mit europäischen Touristen, die voller Panik unter dem Leihwagen lagen und überlegten, ob sie professionelle Hilfe holen sollten oder nicht.

Die verschiedenen Tour-Bücher bezeichnen ungefähr ein halbes Dutzend Straßen, die aus St. Louis herausführen, als »Original-Straße«. Einig sind sie sich darin, unbedingt »Ted Drewes Frozen Custard«, seit 1929 ein Route-66-Original, zu empfehlen. Custard ist ein Milchshake, angereichert mit Eiern und Honig, und Ted Drewes ist der Eiscremekönig von St. Louis.

Die Sorte »Concrete« (auf deutsch Beton) ist so dick, dass man den Becher auf den Kopf stellen kann, ohne dass etwas herausläuft. Eine Kalorienbombe – aber »man gönnt sich ja sonst nichts«. Ich habe den Selbstversuch gewagt – einfach göttlich – und ihn jeder Sünde für wert befunden.


In Missouri folgt die Route 66 einer alten Postkutschen-Strecke, noch früher war sie ein wichtiger Indianerpfad.

Die nächsten Meilen wurden im Reiseführer als kaum noch vorhanden und schlecht zu finden erwähnt. Diese Aussichten haben uns, wie Sie sich schon denken können, besonders gereizt. Früh am Morgen machten wir uns dann auf die Suche nach jedem noch verbliebenen Stück Asphalt, fanden aber oft genug nur aufgesprungenen Beton vor. Später erst haben wir in den Anweisungen des Autoverleihers gelesen, dass es verboten ist, auf nicht asphaltierten Straßen zu fahren.

Ob damit auch kaum noch zu erkennende Wege und staubige Pisten gemeint waren?

Immerhin haben wir Straßen mit dem Schild »Nur für Off-Road-Fahrzeuge« gemieden, nachdem wir beim ersten Versuch wieder umdrehen mussten. Für normale Autos war beim besten Willen kein Durchkommen möglich. Aber jedes irgendwie befahrbare Stück haben wir genutzt. Manchmal sind wir ausgestiegen und haben nach Resten von Straßenbelag gesucht, um die Richtung zu finden. Wir mussten tiefen Schlaglöchern, Schildkröten, Gürteltieren und Schlangen ausweichen und haben den nur noch zu erahnenden Weg in der Indianer-Reservation gesucht. Oft ging es über Straßen, deren Betonplatten von so vielen Rissen durchzogen waren, dass wir das Gefühl hatten über ein Spinnennetz zu fahren. Gerade das aber machte die Tour so spannend.

Auch am nächsten Tag war die Straße, wie es wohl zur Gewohnheit werden sollte, nur mühsam zu finden.

Natürlich kamen wir gerade auf diesen Original-Teilstücken an interessanten alten Lokalitäten vorbei und mussten ständig unsere Kamera bereithalten. Diese Restaurants und Motels warteten schon seit Jahrzehnten auf Gäste und gaben uns eindrucksvoll Kunde vom authentischen alten Amerika. Das Gefühl, ein Stück lebendige Geschichte unter den Rädern zu haben, kam immer wieder auf.

Hier findet man noch das Amerika der fünfziger Jahre, das noch keine Yuppies kannte und noch richtige Hamburger und nicht Mc Nuggets und Diet Coke servierte.

Die Straße führt durch Maisfelder, die bis an den Horizont reichen, über alte Stahlbrücken und vorbei an kleinen Gemeinden. Immer wenn uns mal wieder viele Meilen lang kein anderes Auto begegnete und die wenigen Orte wie ausgestorben wirkten, machte sich der Eindruck breit, dass die Route 66 eine Geisterstraße ist. Zu unserem Glück waren die wenigen Menschen, denen wir begegneten, alles andere als Geister und sehr hilfsbereit. Immer schickten sie uns auf den richtigen Weg, wenn wir uns mal wieder verirrt hatten.

Wir folgten so abenteuerlichen Anweisungen wie: Fahren Sie die Route »AT«, bis sie am Highway 50 endet. Auf der »WW« folgen Sie geradeaus der nördlichen Versorgungsstraße des Interstate 44. Wenn der »WW« rechts abknickt, bleiben Sie aber auf der Versorgungsstraße.

Zwischendurch spielte noch die State Road 30 eine entscheidende Rolle. Da diese aber auch nicht ausgeschildert war, hatten wir uns schon wieder verfahren.

Auf einem kurzen Stück mussten wir auf eine andere Straße ausweichen, da die Route durch die Stadt Times Beach gesperrt ist.

Um den allgegenwärtigen Staub zu binden, wurde von einem gerissenen Unternehmer, der normalerweise Giftmüll entsorgt, vorgeschlagen, Öl auf die Straßen zu sprühen. Das Öl enthielt eine große Menge an Dioxin und verursachte eine ökologische Katastrophe. Nachdem viele Bewohner erkrankten, wurde die Stadt ganz einfach für unbewohnbar erklärt und evakuiert. Das 700 Hektar große Gebiet wird heute immer noch streng bewacht. Seitdem ist die tote Stadt von der Landkarte verschwunden. Nur der alte Wasserturm erinnert daran, dass das Gelände hinter dem hohen Zaun einmal eine Stadt war. Die Menschen, die einst hier lebten, werden nie mehr zurückkommen dürfen.

Weniger erschreckend war unser Besuch in den »Meramec Caverns«, den wohl bekanntesten der über 5 000 Höhlen in Missouri. Die einen fast erschlagende Werbung am Straßenrand zwang uns förmlich abzubiegen. Seit der Besitzer in der Höhle zwei verrostete Revolver und eine alte Geldkiste gefunden hatte, warb er mit dem Gerücht, dass der berüchtigte Gangster Jesse James hier Unterschlupf gefunden hätte.

Ich denke, das ist wieder mal ein gekonnter PR-Gag. Der Besitzer der Höhlen hat auf eine sehr amerikanische Weise den Kampf um die Touristendollars gewonnen. Die feuchten Kammern werden von ihm zusätzlich, sehr clever, für Konzerte oder Tanzveranstaltungen vermarktet. Die Höhlen sind kitschig, melodramatisch, aber auch sehr imposant und schön aufbereitet.

Der weitere Weg entführte uns in eine sattgrüne, hügelige Landschaft. Vorbei an grasenden Pferden, altersschwachen Telefonmasten, weißen

Häusern und Postkästen am Straßenrand. Der alte Highway führt durch eine Prärie, die den Alltag im ländlichen Amerika widerspiegelt.

An der Grenze von Missouri machten wir, genauso wie die Route, einen kurzen Schlenker durch Kansas. Die 20 Kilometer lange Mother Road, die durch diesen Bundesstaat führt, wird gehegt und gepflegt. Wie mit einem Stempel ist das Route-66-Symbol in die Straßendecke geprägt.

Auf den nächsten fast 400 Meilen führte der Highway durch Oklahoma. »Welcome to Native America« steht auf den Willkommensschildern am Straßenrand – eine Reverenz an die Indianer. Nach der Vertreibung aus ihren Stammesgebieten sind sie hier angesiedelt worden. Als immer mehr Raum für weiße Siedler gebraucht und auch noch Öl gefunden wurde, ging man nicht sehr zimperlich mit den Ureinwohnern um, was die Schilder scheinheilig erscheinen lässt. Die Indianer nannten das Land Okla Homma, in ihrer Sprache heißt das »rote Menschen«, rot wie die Erde des Landes, die im Sonnenuntergang zu glühen scheint. In Oklahoma ist die Route 66 zu Hause. Hier folgt sie den alten Pfaden der Indianer. Im Westen des Staates beginnen die weiten Ebenen – dort wo sich die Seele der Route befindet und das Herz der Straße schlägt.

Auf den nächsten Meilen war wieder der Beifahrer gefragt.

Ständig musste auf Straßennamen und Wegweiser geachtet werden – wir wurden doch noch zu Pfadfindern!

Ab hier sollte John Steinbecks »Früchte des Zorns« zur Pflichtlektüre gehören. Viele Verzweifelte starteten von hier aus mit klapprigen Autos ihren Weg ins gelobte Land, nach Kalifornien

Die vielen Stürme gaben dem Gebiet den Namen »Dust Bowl«, Sturmschüssel. Monatelang zogen Staubstürme über das Land, die den Himmel verdunkelten und bis zu zwei Meter hohe Verwehungen hinterließen. Die Folge waren verwüstete Felder und viele tote Tiere. Für die Bauern, die schon immer mit mageren Ernten zu kämpfen hatten, bedeuteten die Stürme das Ende. Die Route 66 wurde die Straße der Flucht vor den Stürmen, den Missernten und den Enteignungen.

Besonders berührt und entsetzt hat uns die indianische Geschichte in dieser Gegend. Die fünf »zivilisierten« Indianer-Stämme (Cherokee, Choctaw, Chickasaw, Creek, Seminolen) wurden bis 1838 aus verschiedenen Gebieten der USA auf die Reise in die Reservationen – im so genannten Indianer-Territorium (spätere Bundesstaaten Oklahoma, Kansas, Nebraska, Nord- und Süddakota) geschickt. Auf diesem grausamen Marsch starb zirka ein Viertel der 18 000 Indianer. Der Marsch ging als »Trail of Tears« (Marsch der Tränen) in die Geschichte ein. Als später in diesem Gebiet Erdöl entdeckt wurde, waren die Indianer wieder im Weg und wurden vertrieben.

Nach einer von den Indianer gewonnenen Schlacht in diesem Gebiet wurden den gefallenen Soldaten der Mund voll Erde gestopft: Den Weißen sollte die Gier nach Land vergehen.

In Foyil, einem verschlafenen Nest abseits der Straße, wurde den Vertriebenen mit dem Totem Pool Park ein makaberes Denkmal gesetzt. Ein 30 m hoher, bunt in der Sonne leuchtender Totem-Pfahl erinnert zusammen mit einem Dutzend kleinerer an das einstige »Indian Territory«.

Heutzutage sind die Indianer zu einer Touristenattraktion geworden. Ich fand den Besuch im größten Souvenirshop der Welt mit dem schlechtesten Restaurant an dem langen Highway eigentlich ganz anregend, aber auch traurig und schrecklich. Sie verdienen ihren Lebensunterhalt mit dem Verkauf von falschem Indianerschmuck, Halsketten und Tomahawks aus Plastik.

Wie erniedrigend muss dieses Leben für die einstmals so stolzen Ureinwohner Amerikas sein. Zum Glück existierte wenigstens Häuptling Yellowhorse, der angebliche Besitzer der Shops, nicht wirklich! Ende des 18. Jahrhunderts sollte das Land von Oklahoma an Siedler verschenkt werden. Um keinen zu benachteiligen, wurde ein Termin festgelegt, an dem die Jagd auf das Land beginnen sollte. Für 15 $ Startgebühr konnte jeder, der wollte, mitmachen. Am 22. 4. 1889, Punkt 12 Uhr, fiel der Startschuss und Tausende von Siedlern stürmten los, um sich eine Parzelle zu sichern. Viele hatten schon in der Nacht ein Stück Land in Beschlag genommen, obwohl darauf die Todesstrafe stand.

Binnen kurzer Zeit war das gesamte Land in insgesamt 10 000 Grundstücke aufgeteilt. Die Indianer waren wieder mal die Verlierer, sie hatten kein Recht auf eines dieser Grundstücke.

Viele Amerikaner leben noch heute auf dem Land, das ihre Vorfahren beim »Land Rush« erobert hatten.

Auf unserem Weg durch Oklahoma sind wir an vielen Städtchen vorbei gekommen, die ihre beste Zeit schon längst hinter sich hatten. Tulsa zum Beispiel: einst die Welt-Ölhauptstadt und nun im Reiseführer als zweitgrößte und langweiligste Stadt von Oklahoma beschrieben. Die Route 66 läuft aber quer durch die Stadt, und so sind auch wir durch den wirklich recht unscheinbaren Ort gefahren.

Auch Sapulpa, Bristow und Stroud sind kaum aufregender. Diese kleinen Städte haben alle eine bewegte Route-66-Vergangenheit. Seit die Autobahn aber vorbei führt, dämmern sie nur noch vor sich hin. Das Leben verläuft hier langsamer als im Rest des Landes. Überall spürten wir den Hauch der Geschichte, wenn wir durch die unbefestigten Straßen vorbei an halb verfallenen Häuser gingen. Irgendwo quietschte immer ein altes Schild im Wind und eine nicht mehr funktionierende Leuchtreklame machte Werbung für ein Motel, das sich die Natur schon wieder zurückerobert hat.

Am Straßenrand entdeckten wir immer wieder Ruinen von Restaurants, die, von Unkraut überwuchert, schon lange nicht mehr auf Gäste warten. Ein altes verwittertes Holzschild mit der Aufschrift »Food and Beer« steht neben einem Gebäude, von dem nur noch Grundmauern vorhanden sind. Ich konnte mir vorstellen, wie hier früher die LKW-

Fahrer für einen schnellen Kaffee hielten und mit den Bedienungen schäkerten. Ich kann die Musik der 40iger Jahre hören, die aus einer Musikbox kommt und die Kaffeemaschine, die ununterbrochen brodelt und blubbert.

Wir kamen durch Miami, das nichts gemeinsam hat mit dem Urlaubsparadies in Florida und durch viele Orte, von denen nicht mehr übrig ist als der Name auf der Landkarte.

Auf diesem Teilstück bekommt man auch das hässliche Amerika zu sehen.

Am Horizont begleiten uns die Silhouetten von Bohrtürmen. Halb verrottete Telegrafenmaste und verrostete Autos liegen am Straßenrand. Zwischen den Eisenbahnschienen wächst das Unkraut und verfallene Tankstellen begleiten die Reisenden auf ihrer Fahrt nach Westen.

Wir kamen zum Bespiel durch Chandler, was sich der angeblichen Tatsache rühmt, dass 1924 hier die letzte Schießerei des »Alten Westens« stattfand, wobei der Sheriff erschossen wurde. Sechs Jahre nach ihrer Gründung wurde die Stadt auch noch durch einen Wirbelsturm fast vollständig zerstört. Die sechs Häuser, die die Katastrophe überstanden haben, wurden unter Denkmalschutz gestellt.

In den Dörfern dieser abgeschiedenen romantischen Landschaft hat sich der eigenständige Charakter der Bewohner bewahrt. Als mürrische Hinterwäldler (nach Meinung der restlichen Amerikaner) tanzen sie zu den alten Liedern und leben nach den alten Bräuchen. Die »Hillbillies«, wie sie genannt werden, verharren seit Jahrzehnten in der nur scheinbar heilen Welt einer längst vergangenen Zeit. Verträumte Dörfer und romantische Weinberge säumen die historische Straße. Ein alter Mann in einem Schaukelstuhl, meilenlange Zäune und baufällige Farmhäuser. Schlagloch reihte sich an Schlagloch.

In Oklahoma City sollten wir laut Reiseführer zur 23. Straße finden. Wie, war nicht angegeben, und so begann wieder einmal das große Suchen.

Das State Capitol haben wir schnell gefunden, ist es doch das einzige Capitol, das direkt an der Route 66 liegt und das Einzige der Welt, das auf einer Erdölquelle liegt. Die Staatskasse weiß das noch heute zu würdigen.

Oklahoma City war eine Art Wendepunkt auf unserer Reise, bis dahin waren wir in Richtung Südwesten gefahren. Ab jetzt ging es direkt nach Westen über die Great Plains, die großen Ebenen.

Am nächsten Morgen haben wir, wie jeden Morgen, unser Gepäck im Kofferraum verstaut, die richtige Stelle auf der Landkarte aufgeklappt und unseren Weg für diesen Tag gesucht.

Weiter folgten wir der Route 66 auf ihrem Weg durch die Vergangenheit durch Texola, eine richtige Geisterstadt und durch Clinton, wo es noch Teile des alten Straßenbelages und ein liebevoll eingerichtetes Route-66-Museum gibt. Es hat auf mich den Eindruck einer Gedenkstätte gemacht, in der jedes Zimmer einer Dekade der »Main Street of Amerika« gewidmet ist. Die Ausstellungstücke sind jeweils um ein Auto der entsprechenden Zeit gruppiert.

Wir kamen durch Orte, in denen nur die Hauptstraße einen festen Straßenbelag hat. Seit die letzte Postkutsche durchgefahren war, schien sich hier nichts verändert zu haben. Der einzige Hinweis auf die moderne Zeit waren die am Straßenrand eingezeichneten Parkplätze. Sogar die Halterungen, an denen die Pferde festgebunden wurden, sind teilweise noch vorhanden. Es gibt überdachte Bürgersteige aus Holz und die Dorfkneipe heißt Saloon.

Wir haben uns oft in die Kulisse eines Westernfilmes zurückversetzt gefühlt und uns die Banden von Banditen vorgestellt, die auf ihren Pferden durch die Stadt ritten, verfolgt von einem mutigen Sheriff. Natürlich hat der für mich genauso ausgesehen wie John Wayne.

Wenn wir auf den letzten Meilen alles richtig gemacht haben, so der Reiseführer, müssten wir bald an eine Tankstelle kommen, rechts abbiegen und durch Elk City fahren. Dort sollten wir auf die »Queen Anne Trading Post« achten. Diese ist zwar verlassen, aber genau dort muss der

Meilenzähler auf null gestellt werden. Nach genau 1,8 Meilen sollten wir einer Rechtskurve und gleich danach einer scharfen Linkskurve folgen. Wenn dann der Schotterweg in eine Asphaltdecke überginge, hätten wir alles richtig gemacht. Dieser eigenwilligen Wegbeschreibung zu folgen, hat uns riesigen Spaß gemacht.

In Sayre legten wir, wie empfohlen, einen Stopp ein. Rathaus und Hauptstraße waren nämlich Drehorte für den Film »Früchte des Zorn« nach John Steinbecks Roman gewesen.

Noch knapp drei Meilen und der lang ersehnte Westen fing an. Die Aussicht verändert sich schlagartig. Der Himmel öffnet sich, das Land erscheint endlos, dürr und trostlos. Früher haben die Siedler ihre Wege mit Pfählen und Steinhaufen markieren müssen, denn es gab kaum einen Baum zur Orientierung. Uns zeigte ab und zu ein Hinweisschild dass wir richtig waren.

Der Mittelstreifen der Straße ist schon lange verblasst und aus den aufgesprungenen Ritzen wächst das Gras. Auf der Prärie weiden riesige Rinderherden zwischen Ölpumpen auf Ranches, die größer sind als so manches Bundesland in Deutschland.

Wir waren ehrfürchtig beeindruckt von der unendlichen Leere des Landes. Hier hat alles ganz andere Dimensionen. So hatte ich mir Texas vorgestellt. Stille, Staub und schnurgerade, menschenleere Straßen. Kaum zu glauben, aber in Texas ist alles noch ein bisschen größer und schöner als im restlichen Land, natürlich auch nach Meinung der selbstbewussten und stolzen Bewohner dieses riesigen Bundesstaates.

Wäre Texas selbständig, würde es flächenmäßig zu den 40 größten Staaten der Erde zählen. Der Cowboyhut, den ein echter Texaner nur beim Kirchgang absetzt, und die Stiefel gehören noch immer zur Alltagskleidung.

Dass die Glanzzeit der Route 66 schon lange vorbei ist, zeigen die immer öfter am Straßenrand stehenden Schilder »Pavement ends« (der Straßenbelag hört auf). Nicht selten standen wir vor einem »Dead End« und mussten uns einen anderen Weg suchen.

Mit einer Geschwindigkeit von 50 Meilen pro Stunde tuckerten wir weiter auf der mit alten Motels, Neonreklamen und Restaurants gesäumten Straße nach Amarillo.

Amarillo ist das spanische Wort für die Farbe gelb. Früher müssen die meisten Häuser gelb gestrichen gewesen sein. Ich hatte schon wieder das Gefühl, nicht in einem Auto, sondern in einer Zeitmaschine zu sitzen.

Von Amarillo machten wir einen Abstecher zur »Cadillac Ranch«.

Ein reicher Texaner hat zehn Straßenkreuzer mit der Schnauze nach unten zur Hälfte in ein abgelegenes Feld eingraben lassen. Sie strecken ihr Hinterteil in den Himmel und sollen ein Symbol des amerikanischen Traums darstellen. In der Sonne stanken sie nach Metall und Gummi. Wie kein anderes Auto repräsentiert der Cadillac ja die amerikanische Vorstellung von Freiheit und Geld. Die Cadillac Ranch wurde zum Stonehenge der Texaner.

Der exzentrische Amerikaner hat die Autos im gleichen Winkel wie die ägyptischen Pyramiden, in Beton eingießen lassen. Archäologen sollten später erkennen können, dass sie von einer hoch entwickelten Zivilisation aufgestellt wurden. Wer's mag …

Schon 160 Meilen vor Amarillo verspricht ein riesiges Plakat, dass es im Big Texan Restaurant ein kostenloses Zwei-Kilogramm-Steak gibt. Der Haken daran ist wie immer das klein Gedruckte: Innerhalb einer Stunde muss das Steak, das die Ausmaße eines halben Rindes hat, mit üppigen Beilagen aufgegessen werden, sonst kostet es 30 $! Auf einer Art Ehrentafel werden alle aufgeführt, die das bis jetzt geschafft haben – angeblich jeder Siebte. Wir waren in Texas – ein wahrer Horror für alle Vegetarier!

Ich habe die Herausforderung nicht angenommen, Holger zum Glück auch nicht. Die kleinsten Steaks auf der Speisekarte waren phänomenal genug.

Die geologische Geschichte der letzten 200 Millionen Jahre haben wir im Palo Duro Canyon State Park erforscht.

Tiefe Gräben ziehen sich durch das Erdreich und schroffe Felsformationen zeigen die verschiedenen Erdschichten dieser Schluchtenland-schaft. Die Wachholderbäume, die an den Ufern der Bäche wachsen, gab es schon, als das Gebiet noch Stammesland der Comanchen war. Sie hatten den Canyon als Ausgangspunkt für Raubzüge genutzt und versteckten sich im unwegsamen Hinterland.

Natürlich konnten wir auch hier, wie überall, mit dem Auto auf Aussichtsstraßen durch den Park, von Aussichtspunkt zu Aussichtspunkt, fahren. Es gibt mehrere kurze Wanderwege, die zu idyllischen Bachbiegungen und interessanten Felsformationen führen.

Hier wäre ich gerne noch etwas länger geblieben: Ich hätte mich unter einen der Wachholderbäume gesetzt und von einem starken und mutigen Comanchen-Häuptling geträumt.

Unter Einsatz seines Lebens rettet mich dieser vor einem wilden Puma und bringt mich auf seinem schönen, schwarzen Hengst nach Hause in sein Tipi.

Aber unser Zeitplan machte meinen Traum zunichte und drängte uns, weiterzufahren.

Unser nächstes Ziel war Glenrio an der Grenze zu New Mexico. Keine Häuptlinge oder schwarzen Hengste, dafür eine ehemals blühende Stadt mit jetzt noch zehn Einwohnern. Eine eigene und sogar mit Blumen bewachsene Interstate-Ausfahrt führt in eine Geisterstadt. Nur ein entferntes Bellen zeugte davon, dass es noch Leben in der Stadt gab.

Am Ortsausgang fing New Mexico an. Wir hatten wieder ein Bundesland hinter uns gebracht.

New Mexico war einst das Land der Comanchen. Sie terrorisierten den Süden der Great Plains. Nicht nur die ersten Siedler, sondern auch die Indianer der anderen Stämme fürchteten ihre Kriegslust. Den Ute–Indianern verdankten sie ihren Namen. Sie nannten sie Komantcia – Feind der immer kämpfen will.

Direkt an der Grenze hörte auch wieder mal der Straßenbelag auf und wir fuhren auf einem staubigen Feldweg weiter in Richtung Westen.

Es hat uns großen Spaß gemacht, über eine Wüsten-Piste zu fahren und eine riesige Staubfahne hinter uns herzuziehen. Auf dieser einsamen Strecke haben wir uns gefühlt, als ob die ganze Welt uns alleine gehören würde.

Das Auto sah danach allerdings aus wie aus der Cadillac Ranch ausgebuddelt. Auf dem Parkplatz unseres nächsten Motels stand dann unser Auto, von dem kaum noch die Farbe zu erkennen war, neben den glänzenden Autos der anderen Gäste. Es war so schlimm, dass ich mich geschämt habe einzusteigen, und so mussten wir uns notgedrungen mit den amerikanischen Autowaschanlagen auseinandersetzen. Von außen sah das Auto nach unseren Bemühungen auch wieder ganz manierlich aus, aber der feine, rote Staub im Innenraum blieb uns bis zum Ende der Fahrt erhalten.

Als aus dem Radio nur noch Rauschen kam, waren wir uns sicher, dass wir »in the middle of nowhere« (mitten im Nichts) waren. Je länger wir durch diese Einöde fuhren, um so begeisterter waren wir. Nirgendwo sonst war der Himmel so blau wie in der Wüste von New Mexico und das Gefühl von Freiheit so stark.

Immer wieder kamen wir durch Orte, in denen nur noch eine geschlossene Tankstelle und die Überreste eines Motels an den einstigen Glanz erinnerten und den vergeblichen Kampf ums Überleben deutlich machten.

Unser Herz schlug jedesmal schneller, wenn wir über Original-Teilstücke fahren konnten, die noch aus dem Jahre 1918 stammten.

Über den Namen der nächsten Stadt Tucumcari habe ich eine rührende Legende gefunden:

Wautonamah, der Anführer der Apachen, spürte den nahen Tod. Er wollte, dass ein besonders fähiger Mann seine Nachfolge antrat. Er rief die beiden tapfersten Krieger zu sich. Tonopah und Tocom. »Ich werde bald sterben«, sagte er zu ihnen. Er hatte gehört, dass sie verfeindet waren und um die Hand seiner einzigen Tochter stritten. Kari, so hieß seine Tochter, hatte sich längst für Tocom entschieden, was aber niemand wusste.

Eine Begrüßung an alle Route 66-Reisenden

Stumme Zeitzeugen

Skyline von Chicago

Der Friedhof von Funk's GroveHier

Der Sarg von Abraham Lincoln

Das alte Gerichtsgebäude von St. Louis mit Gateway Arch im Hintergrund

Ted Drews, das legendäre Eiscafe in St. Louis

Die Route 66 führt als Sandpiste durch das Navajo–Gebiet in New Mexico

Und wieder mal trafen wir auf Zeitzeugen. Hier lebt schon lange niemand mehr.

Hauptstraße durch Clinton

Cadillac Ranch bei Amarillo

Glenrio, die Geisterstadt mit blumenbewachsener Interstate-Ausfahrt

Die beiden Krieger sollten mit dem Messer auf Leben und Tod kämpfen. Der Sieger würde Häuptling werden und seine Tochter zur Frau bekommen. Die beiden kämpften gegeneinander und ahnten nicht, dass Kari sich im Gebüsch versteckt hatte. Als Tocom starb, rannte Kari aus ihrem Versteck, tötete Tonopah und sich selbst. Wautonamah weinte beim Anblick der tragischen Szene. Er riss das Messer aus der Brust seiner Tochter und brachte sich um. »Tocom, Kari«, waren seine letzten Worte. Seit diesem Tag trägt der nahe Berg und die Stadt diesen Namen. Von weißen Siedlern wurde sie dann Tucumcari genannt.

Auf unserem Weg in die Stadt fuhren wir auf einmal zwischen lauter alten Autos und Straßenkreuzern aus der guten alten Zeit. Die Hauptstraße war gerade Schauplatz eines Oldtimertreffens. Holger war begeistert und der Abend in der Stadt gerettet.

Außer viel altem Blech gibt es auch noch andere Relikte in Tucumcari zu besichtigen. Das Blue Swallow Motel zum Beispiel, das eines der letzten klassischen Route-66-Motels ist – ein uramerikanisches Relikt.

Eine leuchtend blaue Schwalbe flackert neben der alten Neonreklame und wird in keinem Touristen-Fotoalbum fehlen. Viele alte Motels, Restaurants und Geschäfte kämpfen auch hier gegen den Untergang. Seit Jahren warten hinter jeder Ecke Zeitzeugen darauf, dass ein Foto von ihnen gemacht wird.

In einem Tipi-Shop werden seit den Fünfzigern Kuriositäten, allerlei Schnickschnack und Andenken angeboten. Die Stadt lebt noch immer von der Straße und beschwört die Vergangenheit mit viel bunter Neonreklame herauf.

Auf dem Streckenabschnitt nach dieser Stadt endeten viele Teilstücke der Straße einfach im Nichts. Oft mussten wir auf den Interstate ausweichen. Geschlossene Cafes und die braunen Hinweisschilder der »Historic Route 66« zeigten uns aber immer wieder, dass wir richtig waren.

Pünktlich zum Sonnenuntergang kamen wir in Albuquerque an.

Wenn ich an alle unsere Amerika-Reisen zurückdenke, ist Albu-querque eine der Städte, in denen ich liebsten leben würde. Auch wenn ich viel üben musste, bis ich den Namen richtig schreiben konnte.

Bereits vor 10 000 Jahre gab es Menschen, die hier lebten, wie Aus-grabungen in den Sandia-Bergen beweisen. Um das 12. Jahrhundert haben in diesem Gebiet Anasazi-Indianer gelebt, die schon über ein ausgeprägtes Transport- und Kommunikationswesen verfügten.

In dieser Stadt kamen wir das erste Mal mit einem Hüter des Ge-setzes in näheren Kontakt. Als wir – nach einem Parkplatz Ausschau haltend – rechts in eine Straße einbogen, gingen rund um uns herum plötzlich Blaulichter und Sirenen an. Wir fuhren rechts heran und wa-ren sofort von mehreren Polizisten mit schussbereiten Waffen umzin-gelt. Sie forderten uns auf, mit erhobenen Händen auszusteigen und uns breitbeinig an unser Auto zu stellen. Sofort wurden uns Handschellen angelegt, wir waren festgenommen.

Holger schaute mich entsetzt an. Ich bekam Schweißausbrüche und fragte mich – einer Panik nahe – was wir falsch gemacht hatten …?

Nein, das ist natürlich alles übertrieben und nicht so gewesen. So et-was gibt es nur in Krimis, obwohl ich zugeben muss, dass die Schweiß-ausbrüche und das Blaulicht der Wahrheit entsprechen. Auf der Suche nach einem Parkplatz sind wir damals rechts abgebogen und ein Blau-licht ging hinter uns an. Wir hatten den Polizeiwagen, der uns folgte, gar nicht bemerkt. Die Sirene fehlte, so dramatisch war das Ganze nun doch nicht!

Die Schweißausbrüche kamen aber trotzdem, wir waren uns keiner Schuld bewusst. Zu schnell konnten wir nicht gewesen sein, wir waren ja gerade erst abgebogen und in diese Straße durfte man auch fahren.

Ein freundlicher Polizist kam an unser Auto und löste das Rätsel. Wir waren an einer roten Ampel rechts abgebogen, an der dies verbo-ten ist. In Amerika darf man an jeder Ampel bei rot rechts abbiegen, außer es ist durch einen Hinweis verboten. Das Schild hatten wir wohl übersehen.

Der Polizist hatte schon längst unser Nummernschild überprüft und wusste, dass wir einen Leihwagen hatten und höchstwahrscheinlich Touristen waren.

Wir kamen mit einer Ermahnung und dem guten Rat, in Zukunft aufmerksamer zu fahren, mit einem blauen Auge davon.

Ich konnte mich gerade noch beherrschen, den Polizisten zu fragen, ob ich ein Foto mit ihm und mir zusammen machen dürfte. Er sah klasse aus: schwarz, groß und trug eine dunkle Uniform, wie man sie auch immer in den Filmen sieht. Er hatte so einen runden Hut mit einer breiten Krempe auf und war ein Traum von einem Mann.

Da ich dann aber doch nicht so mutig war und die Verwarnung nicht aufs Spiel setzen wollte, habe ich nichts gesagt. Was ich heute bereue!

Die Route 66 führte uns direkt in die Innenstadt. Auf einem Plateau in ca. 1500 Meter Höhe gelegen, herrscht in der Stadt das ganze Jahr über ein angenehmes Klima. Nicht zu heiß im Sommer und mild im Winter. Endloser blauer Himmel und der Rio Grande, bekannt aus fast jedem Western, der an der Stadt vorbei fließt.

Viele hundert Jahre waren hier die Pueblo-Indianer zu Hause, bis der »Weiße Mann« kam und das Gebiet für sich beanspruchte.

Die Altstadt »Old Town« ist im Adobe-Baustil der Pueblo-Indianer erbaut. An dieser Stelle nahm die Stadt ihren Anfang.

Albuquerque liegt am Fuß des 3 286 m hohen Sandia Peak. Mit der längsten Einmastseilbahn der Welt (wer hätte das gedacht, sie befindet sich nicht in der Schweiz) sind wir hinauf gefahren. Von dort oben hatten wir bei herrlichem Wetter und fantastischer Fernsicht einen atemberaubenden Ausblick über Albuquerque und das Tal des Rio Grande.

Auch die Kirtland Air Force Base kann man von hier aus sehen. Dort hatten es diesmal nicht die Gesetzeshüter, sondern die Militärs auf uns abgesehen. Auf dem Gelände der Air Force Base gibt es das einzige Atombomben-Museum der Welt, das wir unbedingt besuchen wollten.

Frech, wie wir nun mal sind und immer dem Hinweisschild zum Museum folgend, sind wir einfach hinter den anderen Autos durch das

Tor auf das Gelände gefahren. Ein schreiender und heftig winkender Soldat rannte hinter uns her. Irgendwie hatte ich das Gefühl, dass uns diese Stadt noch zum Verhängnis werden würde und wir doch noch im Gefängnis landeten.

Wir wurden nicht gleich verhaftet, sondern mussten auf einem extra für Besucher ausgewiesenen Parkplatz parken. Mit einem Shuttlebus wurden wir dann zum Museum gefahren.

In dem Museum werden einige Bomben ausgestellt, darunter auch eine echte Wasserstoffbombe und ein Modell der Hiroshima-Bombe. Mit Fotos, Filmen und vielen Ausstellungsstücken wird die Geschichte der Atombombe sehr unkritisch dokumentiert. Außerdem werden sehr anschaulich die Auswirkungen einer Explosion gezeigt. Es ist unglaublich, wie unbeschwert die Amerikaner mit der Atombombe umgehen. In Deutschland wäre ein solches Museum undenkbar und würde sofort Demonstranten und Friedensaktivisten auf den Plan rufen.

Dem Militär wieder entkommen, haben wir uns daran gemacht, Albuquerque zu erkunden. Na, würden Sie sich zutrauen, den Namen der Stadt richtig zu schreiben, natürlich ohne abzuschreiben? Ist kein Problem, wenn man den Dreh einmal raus hat. Wenn nicht, macht das auch nichts, viele Amerikaner scheitern bis heute bei dem Versuch, die Metropole von New Mexiko richtig zu schreiben.

Zum Essen waren wir in einem originalgetreu nachgebauten 60iger-Jahre-Diner. Es war einfach herrlich und unheimlich kitschig. Von außen sah das Diner aus wie ein überdimensionierter silberner Zugwagon mit viel bunter Neonreklame. Innen war es eingerichtet mit roten Kunstlederbänken, viel Chrom, einer Musikbox mit passender Musik und wieder jeder Menge Neonreklame. Sogar die Bedienung war wie damals gekleidet und die Speisekarte bot selbstverständlich die Delikatessen der längst vergangenen Zeit. Cola, Milkshakes, Burger und Hot Dogs. Nicht viel anders als heute, werden Sie jetzt denken. In der passenden Umgebung schmeckt aber alles viel authentischer und seltsamerweise auch besser.

Museums-Fans kommen in dieser Stadt voll auf ihre Kosten. Das Albuquerque Museum zeigt die Geschichte der letzten 400 Jahre im Tal des Rio Grande. Im »New Mexiko Museum of Natural History« sind lebensgroße Dinosaurier ausgestellt und man kann durch einen Vulkan und eine Eishöhle gehen, was mir als Museumsmuffel am besten gefallen hat.

Albuquerque liegt mitten im ehemaligen Comanchen-Gebiet, genauso wie Las Vegas. Kann nicht sein, werden Sie jetzt sagen: Las Vegas liegt in Nevada. Nein, nicht das, in dem wir waren, das liegt in New Mexiko! Nicht so groß und protzig wie das bekanntere Gegenstück, dafür romantischer, idyllischer und garantiert ohne Strip und Casinos. Mit einigen renovierten historischen Gebäuden wirbt es für die gute alte Zeit. Das altehrwürdige Plaza Hotel erstrahlt in neuem Glanz und in Murpheys Drugstore werden immer noch Gäste bewirtet. Genau wie vor 100 Jahren, als Cola noch gezapft wurde und Diet Coke unbekannt war.

Große Ereignisse nahmen hier aus Lauf: Wyatt Earp und Doc Holliday ritten über die Main Street und brachten Billy the Kid hinter Gitter. Nein, nicht in einem TV-Western, diese wilden Cowboys gab es wirklich.

Bestimmt haben Sie auch schon mal den Namen Santa Fe gehört. In drei von vier Western gibt es dort Schießereien, Revolverhelden und einen heldenhaften Sheriff. »Historische und nostalgische Seelen können sich in dieser Stadt verlieren.« Diese schöne Beschreibung habe ich in einem Reiseführer gefunden.

Auf ihrem Weg Richtung Westen kamen wagemutige Händler, Abenteurer, Goldsucher, Tanzhallenmädchen und landhungrige Siedler in die Stadt. Selbst Indianer und Naturkatastrophen konnten sie nicht abhalten. Santa Fe wurde zur Drehscheibe eines weit verzweigten Handelsnetzes. Heutzutage kommen die Touristen, die weder Abenteurer noch wagemutig sein müssen, in die Hauptstadt New Mexikos.

Bekannt für seine flachen Adobe-Bauten, 200 Galerien und viele Läden mit Kunsthandwerk, wird Santa Fe wärmstens empfohlen. Es gibt keine Spur von Ramschläden und Fast Food.

Die Stadt ist eine der ältesten der Vereinigten Staaten und leider eine beliebte Touristenattraktionen. Die Hauptferienzeit sollte man deshalb für einen Besuch meiden.

Die spanische Vergangenheit wird überall deutlich: Häuser aus luftgetrockneten Adobe-Lehmziegeln stehen entlang der Straße, die immer noch »Old Santa Fe Trail« heißt. Die Plaza im Herzen der Stadt strahlt eine Atmosphäre aus, wie man sie auch im südlichen Europa findet.

Die Stadt ist ein Eldorado für alle, die gerne mexikanisch essen. Wir wollten in ein kleines Restaurant in der historischen Innenstadt. Da kein Platz mehr frei war, bekamen wir einen Piepser in die Hand gedrückt und wurden aufgefordert noch etwas spazieren zu gehen.

Als ein Tisch frei wurde, ging unser Piepser und wir kamen zurück zu einem leckeren, aber höllisch scharfen Essen. Das ist eine nette Idee, oder?

In dem Gebiet rund um Santa Fe und Albuquerque leben auch heute noch viele Pueblos nach den alten Riten und Traditionen. Touristen werden akzeptiert, weil sie die einzige Einnahmequelle sind. Bei vielen religiösen Zeremonien sind die Pueblos aber für Fremde geschlossen. Wenn man solch eine Siedlung betritt, hat man das Gefühl, in einer anderen Welt zu sein: kaum vorstellbar, welche Armut dort herrscht. In der Gemeinschaft gelten eigene Gesetze, Staats- oder Landesgesetze haben hier keine Gültigkeit.

Ohne großen Umweg kann man von Albuquerque aus einen Abstecher nach Los Alamos machen. Mitten in den mit Pinien gewachsenen Bergen liegt die Stadt, in der die Atombombe erfunden wurde. Im Jahre 1942 wurde die Jungenschule der Stadt als hochgesicherter Ort für das Atomforschungsprogramm ausgewählt. Hier wurden die Bomben »Little Boy« und »Fat Man« gebaut, die den zweiten Weltkrieg beendeten. Heutzutage sind mehrere tausend Mitarbeiter mit geheimen Forschungs- und Entwicklungsprojekten beschäftigt.

Als wir die Stadt besuchten, hatte gerade ein Großbrand die Pinien der gesamten umliegenden Berge vernichtet, die Straße in die Stadt war gerade erst wieder freigegeben. Verschmorte Straßenschilder, beißender Gestank und die vielen Feuerwehrleute machten das Ausmaß der Katastrophe deutlich. In Los Alamos waren die Häuser ganzer Straßenzüge verbrannt. Autos waren mehrere Zentimeter in die geschmolzene Asphaltdecke eingesunken und wie festgebacken. Viele Familien hatten ihr gesamten Hab und Gut verloren.

Auch von diesem faszinierenden Teilbereich der Route 66 mussten wir uns schweren Herzens wieder trennen. Das Abenteuer ging weiter. In Cupero hat Ernest Hemingway seine Erzählung »Der alte Mann und das Meer« geschrieben.

Vorbei an Grant, einer Stadt mit den typischen Route 66 Motels und Restaurants ging es nach Gallup. Die Stadt ist das Handelzentrum der Navajo-Indianer, deren Stammesgebiet nördlich und westlich der Stadt liegt. Sie verkaufen in den Geschäften ihre handgemachten Teppiche, Korbwaren und den berühmten Türkis-Schmuck.

Auf dem Papier gibt es schon seit einigen Jahren die Bezeichnung »Indianer« nicht mehr. Die vor über 10 000 Jahren von Asien über eine Landbrücke, die die beiden Kontinente verband, eingewanderten Ureinwohner, nennen sich jetzt »Native Americans« (eingeborene Amerikaner). Mit dieser »Umbenennung« wollen sie ihren Anspruch deutlich machen, als ursprüngliche Bevölkerung zu gelten.

Mit 200 000 Angehörigen ist der Stamm der Navajos die größte Indianergruppe der USA. Wie in alten Tagen treiben sie ihre Schafe über den mit grauer Vulkanasche bedeckten Lehmboden.

Für Indianer sind Natur und spirituelle Energien untrennbar miteinander verbunden. Der Geist ist in allen Dingen.

Jeder muss den Geistern Tag und Nacht gebührende Achtung zollen. Nach den alten Traditionen ist die »Mutter Erde« das Zentrum des Glaubens. Sie ist der Ursprung des ewigen Kreislaufs von Leben und Tod, den alles und jeder durchlaufen muss.

Alle Wesen müssen sich die Erde teilen, jeder ist seinen Mitmenschen verantwortlich und keiner dem anderen übergeordnet. Die Tiere werden teilweise als heilig verehrt. Die unumstößliche Achtung der Umwelt steht im Zentrum jeder Indianerkultur. Die Lebensweise wurde durch den natürlichen Rhythmus der Natur bestimmt.

Wie viele Probleme könnten wir heute weniger haben, wenn wir diese verehrungswürdigen Kulturen nicht vernichtet, sondern in unsere übernommen hätten. Statt dessen haben viele der Stämme das Christentum aus wirtschaftlichem Interesse angenommen. Viele Häuptlinge wählten aber aus Angst davor, ihr Land und ihre Familien zu verlieren, den bewaffneten Widerstand und mussten dafür teuer bezahlen

Das karge Land kann die Menschen in den Reservationen auch heutzutage nicht ernähren. Sie haben als zusätzliche Einnahmequelle die Touristen entdeckt.

Überall werden am Straßenrand handgemachte Artikel verkauft, was wenigstens einige vor der Sozialhilfe oder dem Verhungern rettet. Allerdings wird ihre verzweifelte Lage nicht verbessert, über die in den Reiseprospekten natürlich nicht geschrieben wird.

1863 wurden die Navajos unterworfen und ihre Schaf- und Pferdeherden getötet sowie die Ernten vernichtet.

Auf dem langen Weg in die Reservation sind viele gestorben. Vor allem viele Frauen und Kinder haben den unmenschlichen Marsch nicht überlebt. Menschen, die jahrhundertelang über die weiten Ebenen gezogen sind, wurden in viel zu kleine Gebiete gezwungen.

Erst im 20. Jahrhundert gründeten die Navajos eine eigene Regierung und behaupteten sich in der Welt des Weißen Mannes. Leider kommen jetzt viele nach Gallup, um sich den Alkohol zu kaufen, den sie in der Reservation nicht bekommen.

In Gallup gibt es auch noch das EL RANCHO HOTEL, in dem viele Western gedreht wurden. Einst trafen sich hier Hollywoodstars wie Humphrey Bogart, Doris Day, Kirk Douglas. Auch Ronald Reagan wohnte während seiner Karriere als Schauspieler einmal in dem Hotel.

John Wayne ist hier einst auf dem Rücken seines Pferdes durch die Lobby in die Bar hineingeritten. Dort bestellte er zwei Bier, eines für sich und eines für sein Pferd.

Kurz hinter Gallup führt die Route 66 über die Grenze nach Arizona. Auch die Tatsache, dass sich hier das längste zusammenhängende Teilstück der Straße befindet, ändert nichts daran, dass wir auch hier des Öfteren vor einem Dead End standen – die Straße endete nicht selten einfach im Nichts! Der Reiseführer warnte vor riesigen Schlaglöchern, was durchaus gerechtfertigt war. In Schlangenlinien sind wir um die Krater in der Straße gefahren. Dafür haben viele der Orte, durch die wir kamen, ihren Original-Route-Look bewahrt.

Auf einem kaum noch zu erkennenden Teilstück durch die Prärie wurden wir von einem entgegenkommenden Fahrer angehalten.

Ob wir wüssten, dass wir auf einer Privatstraße unterwegs seien, fragte er uns. Wir waren uns keiner Schuld bewusst und fragten den Mann, ob dies nicht die alte Route 66 sei. Wir waren richtig, das konnte er uns bestätigen – dies sei aber Navajoland!

Die Durchfahrt wäre zwar nicht verboten, aber die Brücke über einen Bach ein paar Meilen weiter sei eingestürzt und würde nicht mehr repariert, informierte er uns. Er zeigte uns den kürzesten Weg zum Interstate. Kurz vor der Zufahrt hielt er an und gab uns seine Visitenkarte mit der Bitte, ihn über den Rest unserer Reise zu informieren. Seitdem stehe ich mit ihm in Kontakt.

Es ist wirklich einfach, mit den Amerikanern in Kontakt zu kommen und so aus erster Hand viel über Land und Kultur zu erfahren.

Auf unserer Reise in Richtung Westen, vorbei an nicht mehr aktiven Vulkanen, versteinerter Lava und vielen Erdmännchen, lag als Nächstes der Nationalpark »Petrified Forest« auf unserem Weg.

Versteinerte Kiefernstämme liegen in einer tristen und kargen Felslandschaft. Vor 225 Millionen Jahren sind hier Bäume in einer Sumpflandschaft gewachsen. Reiche Fossilienfunde beweisen, dass sie von Dinosauriern bevölkert war. Die Sümpfe wurden unter Vulkanasche begraben und die Bäume so konserviert und versteinert.

Innerhalb des Parks ist es unter Androhung einer Gefängnisstrafe streng verboten, Steine, Pflanzen oder nur ein kleines Stück Holz mitzunehmen.

Im nördlichen Teil des Parks in der »Painted Desert« haben Eisenoxid und Mineralien das Gestein verfärbt. Dadurch sind viele Farben entstanden, die die Wüste wie bemalt erscheinen lassen. In der gleißenden Sonne leuchten die Felsen von ocker über gelb bis orange und leuchtend rot.

In diesem Gebiet herrscht eine solche Stille, dass ich mein Blut in den Ohren rauschen hörte. Es gibt keine Tiere, keine Pflanzen und keinen Staub. Die Luft ist absolut rein, ein Paradies für Heuschnupfengeplagte.

Schon wenige Meter abseits der Durchfahrtsstraße auf einem der markierten Wanderwege trifft man keine Touristen mehr an. In der Hitze, die dort herrscht, steigt bestimmt kein Amerikaner aus dem klimatisierten Auto aus.

Umso besser für uns: diese vollkommene Stille, die herrlich farbigen Felsen und der tiefblaue Himmel – ich habe mich kaum getraut zu atmen, um diese Ruhe nicht zu stören.

Wie immer drängte aber der Zeitplan und die 66 zog uns immer weiter Richtung Westen zu unserer nächsten Übernachtungsstation in Holbrook. Ein lebensgroßer Dinosaurier hält am Ortseingang Wache und zeugt von den tierischen Bewohnern, die vor vielen Millionen Jahren hier lebten.

In dieser Stadt kann man die Nacht in einem Tipi verbringen. Natürlich steht den interessierten Hobby-Indianern keine kalte und feuchte Nacht in einem Zelt bevor – wir sind schließlich in Amerika. In den aus Stein gebauten Tipis verbergen sich richtige Zimmer, mit allem Komfort, der in den USA so selbstverständlich ist.

Rinder haben auf der Straße »Vorgang« und die alten Motels und Leuchtreklamen zeigten wieder mal sehr deutlich, dass viele der Route-66-Orte nicht viel vom Fortschritt des großstädtischen Amerikas abbekommen haben.

Und weiter ging es, immer dem Sonnenuntergang entgegen.

Unser nächster Halt war der Meteor-Krater bei Winslow. Vor etwa 30 000 Jahren fiel hier ein riesiger Meteor auf die Erde. Mit einer geschätzten Geschwindigkeit von 72 000 km/Std. schlug er ein und hinterließ einen gigantischen Krater von 1 265 m Durchmesser, einem Umfang von 5 km und einer Tiefe von 174 m. Er gilt er als die am besten erhaltene Einschlagstelle eines Meteors.

Im Umkreis von 160 km wurde alles pflanzliche und tierische Leben vernichtet. Bei dem Gedanken, dass jeden Augenblick wieder so ein Brocken vom Himmel fallen kann, wird mir ganz angst und bange.

Da der Grund des Kraters der Mondoberfläche ähnelt, trainierten hier die Astronauten der NASA für die Mondspaziergänge.

Es geschah noch ein kleines Wunder! Das erste Mal auf unserer Reise gab es Informationsmaterial in deutscher Sprache. Der Ranger hat sich vor lauter Stolz fast überschlagen und uns sehr ehrfurchtsvoll den Lesestoff überreicht.

Kurz vor unserer nächsten Übernachtungsstation war noch mal Halt an einem historischen Truck Stop angesagt. Zwei riesige rote Pfeile machen deutlich, warum er Twin Arrows heißt. Als kleinster Truck Stop der Route 66 hat er nur acht Sitzplätze. Eine zum Spaß ausgelegte Speisekarte macht den Humor des Besitzers deutlich.

Demnach gibt es so leckere Delikatessen wie gegrillte Klapperschlangenhüfte, gebratenen Rattenschwanz, geröstete Jack–Rabbit–Ohren und Meteor–Krater–Eintopf.

In Flagstaff sollten wir als Nächstes übernachten. Leider erfuhren wir erst am Morgen, dass Hillary Clinton im gleichen Hotel geschlafen hatte wie wir. Zu gerne hätte ich mal an ihrer Tür geklopft und »Hallo« gesagt, wenn ich es geschafft hätte, an ihren Bodyguards vorbei zu kommen. Vielleicht hätte sie deutschen Touristen ein Autogramm gegeben. Wir werden es nicht mehr erfahren – schade.

Die Stadt Flagstaff erstreckt sich meilenlang parallel entlang einer Eisenbahnstrecke. Sie ist aus einem alten Handelsposten entstanden. Die Besitzer hatten, weithin sichtbar, eine amerikanische Flagge gehisst – flag staff.

Als es den Handelsposten schon lange nicht mehr gab, diente die Flagge noch als Wegweiser in diesem unwirtlichen Land.

Die Stadt und die nähere Umgebung bilden einen krassen Gegensatz zu der Wüste, aus der wir gerade kamen. Bewaldete Berghänge schließen die Stadt ein. Der Humphreys Peak, mit 3 860 m der höchste Berg der San Francisco Montains (diese liegen wirklich in Arizona und nicht in Kalifornien), hat nicht selten auch im Sommer einen schneebedeckten Gipfel. Im Winter ist die Stadt Zentrum eines beliebtes Skigebietes – mitten in der Wüste! Im Sommer treffen sich hier die wenigen wanderbegeisterten Amerikaner.

Den Hopi- und Navajo-Indianern waren diese erloschenen Vulkane heilig. Vom Lowell Observatory, das auf einem der Gipfel liegt, wurde in den 30er Jahren nach jahrzehntelangen Forschungen der Planet Pluto entdeckt.

Im Zentrum hat man viele der alten Westernhäuser liebevoll restauriert und die Pionierzeit wieder zum Leben erweckt.

Nur die Preise für Übernachtung und Essen und Trinken versetzen uns abrupt wieder in das 21. Jahrhundert.

Ein paar Kilometer nördlich der Stadt sind wir auf die vulkanische Geschichte Nordamerikas gestoßen. Der Sunset Crater ist aufgrund einer Eruption im Winter des Jahres 1064 entstanden. Das schwefelhaltige Gestein ist rötlich gefärbt, genau wie ein Sonnenuntergang daher der Name. Auf einem markierten Wanderweg sind wir über ein riesiges Lavafeld gelaufen. Wir konnten noch genau erkennen, wie sich die zähe

Masse ins Tal gewälzt hat. Bei mir machte sich das Gefühl breit, dass es irgendwie noch heiß war unter den Füßen und dass es jeden Moment wieder anfangen könnte zu brodeln und zu blubbern.

Nur wenn man das Lavagebiet mit eigenen Augen gesehen hat, kann man sich vorstellen, was für eine schreckliche Naturkatastrophe hier stattgefunden hat.

Das durch die Lava inzwischen sehr fruchtbar gewordene Land war ehemals von den Hopi-Indianer bewohnt. Überall entlang der vielen Wanderwege sind noch hunderte gut erhaltene Ruinen und Hinterlassenschaften der Ureinwohner zu finden.

Und wieder ging es weiter, immer dem kaum zu erklärenden Drang in Richtung Westen folgend. Unser nächstes Ziel ist die faszinierendste Schlucht der Erde. Durch Erosion über viele Jahrtausende geformt, bringt sie jährlich Millionen von Besucher dazu, ehrfürchtig und staunend an der steil abfallenden Kante zu stehen.

Der Grand Canyon ist, innerhalb des Nationalparks, 450 km lang, bis zu 16 km breit und 1 600 Meter tief. Der Rand des Grand Canyon liegt auf 2 200 Metern, der Colorado River auf 600 Metern Höhe. Wie eine tiefe Wunde zerschneidet er die Erdkruste.

6 Millionen Jahre lang haben die gigantischen Kräfte des Wassers dieses Naturwunder geschaffen – und sie arbeiten immer noch daran. In 40 Gesteinsschichten, wobei die älteste 2 Milliarden Jahre alt ist, weiß der gigantische Abgrund unendlich viel über die Entstehung der Erde zu erzählen. Er ist ein Bilderbuch der Geschichte der Menschheit. Die unterste Schicht stammt aus einer Zeit, als das Leben noch nicht einmal in seiner primitivsten Form entstanden war.

Die ersten Bewohner der Gegend waren Indianer, die den Canyon verehrten. Sie konnten zwar den schwierigen Lebensbedingungen und der Natur trotzen, aber nicht dem »Weißen Mann«.

Den ersten Europäern, die die Schlucht entdeckten, war nichts heilig, und schon gar nicht die Natur oder die Indianer. Es waren Goldsucher, die sicher nicht ergriffen und ehrfürchtig um Rand des Abgrundes standen. Sie waren wohl eher erschrocken, enttäuscht und ratlos. Sie hatten nur ein Ziel vor Augen: Die legendären »Sieben Goldenen Städte von Cibola«, die sie hier vermuteten. Da ihnen aber die Vorräte ausgingen, mussten sie nach drei Tagen unverrichteter Dinge abziehen.

Bis zum Jahre 1869 hatten die Indianer die Schlucht noch für sich alleine. Nach vielen erfolglosen Versuchen von Abenteurern gelang es erst in diesem Jahr einem – einarmigen! – Major mit Namen John Wesley Powell und einigen Begleitern, den Kampf gegen die Gewalten des Colorado Rivers zu gewinnen. Sie starteten mit 4 Booten. Mit nur zwei Booten, um einige Mitglieder der Expedition dezimiert und fast verhungert erreichten sie nach 3 Monaten ihr Ziel. 800 Flusskilometer mit allen Stromschnellen und Hindernissen lagen hinter ihnen.

Der Grand Canyon und der Colorado River sind untrennbar miteinander verbunden. Darum wird es Zeit, etwas mehr über diesen Fluss zu erzählen. In über 3 000 Metern Höhe entspringt er in den Rocky Montains. 2 335 km ist er lang und fließt dabei auf 1 600 km durch den Canyon bis in den Golf von Kalifornien.

In guten Zeiten – während der Schneeschmelze – fließen 85 000 000 Liter Wasser pro Sekunde über 300 Stromschnellen. Das sichert ihm einen Platz unter den größten Flüssen der Welt.

Bevor der Glen-Canyon-Damm gebaut wurde, wurden täglich ca. 27 Millionen Tonnen rotbrauner Schlamm weggespült. Ich versuche gerade, mir die Schlange von 2,7 Millionen LKW, beladen mit je 10 Tonnen, vorzustellen. Ich kann es nicht, Sie vielleicht?

Der Colorado, mit all seinen Nebenflüssen, bewässert ein Gebiet von 632 000 Quadratkilometern. Ein Zwölftel der Vereinigten Staaten. Eine Fläche etwa doppelt so groß wie Deutschland.

Er fließt durch 19 mehr oder weniger tiefe Canyons, wobei der Wasserstand durch 9 Dämme geregelt wird. Der durch den Hoover Damm (zu Ehren des damaligen Präsidenten Herbert C. Hoover) aufgestaute Lake Mead ist mit einer Fläche von 593 Quadratkilometern der größte Stausee der USA und einer der größten der Welt.

Nun aber zurück von den langweiligen Fakten zu unseren Eindrücken, als wir das erste mal vor dem Abgrund standen.

Wir kamen mit den Bildern, die wir von Fotos und Berichten im Fernsehen im Kopf hatten. Staunend standen wir dann vor der dramatischen Wirklichkeit. Allein die Größe vermittelte uns das Gefühl, unbedeutend und winzig zu sein. Was wir sahen, überstieg eindeutig unser Fassungsvermögen. Überwältigung und Ehrfurcht, das trifft wohl am besten unsere Gefühle. Oft ist die Schlucht, wenn überhaupt, nur durch eine niedrige Absperrung gesichert. Senkrecht fallen die Felswände bis zu 1 000 Meter in die Tiefe. Ganz klein, wie ein Rinnsal sieht der mächtige Colorado River von da oben aus. In einem anstrengenden Zwei-Tage Marsch kann man zum Boden der Schlucht hinunter wandern.

Das wäre uns dann doch zu heftig gewesen. Wir haben uns mit dem South Rim Trail, einem Wanderpfad oberhalb, zufrieden gegeben.

Holger, immer ganz dicht an der Kante entlang, ich immer mit einem Meter Sicherheitsabstand, so haben wir den Anblick der vielen Vögel, Streifenhörnchen, Pinien, Akazien und genügsamen Mesquite-Sträucher in aller Ruhe genossen. Von den vielen Besuchern war, nur wenige Meter abseits der Aussichtspunkte, nichts mehr zu sehen. Die Ruhe und den tiefen inneren Frieden, den man in Anbetracht der großartigen Kulisse empfindet, kann ich nicht mit Worten ausdrücken, in meiner Vorstellungswelt gibt es dafür keine Beschreibung – das muss jeder selber erleben.

An den Aussichtspunkten war die Popularität des Parks deutlich spürbar. Viel zu viele Besucher machten der Ruhe ein Ende. Hier wurde wieder mal alles bestätigt, was wir bisher über die »lauffaulen« Amis gedacht hatten. Mit dem Auto bis an die Kante heranfahren, ein schnelles Foto aus dem Fenster und weiter zum nächsten Aussichtspunkt. So bleibt ganz sicher genug Zeit für den riesigen Souvenir-Shop am Parkeingang.

Unser Erlebnis mit einem deutschen Touristen, der einem der vielen Reisebusse entstiegen war, habe ich ja bereits beschrieben.

Was mag in den ersten Menschen, die hierher kamen, den Indianern, und was in den ersten Weißen vorgegangen sein?

Die Indianer – für die Natur immer heilig war – verehrten den Cañon. Sie haben noch heute eine besondere spirituelle Nähe zu ihm und versuchen das Naturphänomen in ihren Mythen zu erklären. Die Weißen aber waren nur daran interessiert, ob es nicht doch die vermuteten riesigen Goldminen in der Schlucht gab.

Für die in dem Gebiet lebenden Indianerstämme ist der Fluss der Ausläufer einer großen Flut, die vor langer Zeit die Erde bedeckte und die die Indianer nur überlebten, weil sie sich in Fische verwandelten. Traditionalisten unter den Navajos essen noch heute keinen Fisch.

In den Legenden der Hualapai Indianer war es der große Held Packithaawi, der mit einer großen Keule auf die überflutete Erde schlug und so den Canyon schuf. Sie glauben, dass dies der Ort ist, an dem die Erde erschaffen wurde.

*»Nie soll etwas geschehen, das die wunderbare Großartigkeit, die Erhabenheit, die grandiose Einsamkeit des Canyons beeinträchtigt. Die Zeit hat ihn geschaffen, und der Mensch kann ihn nur verschandeln«.*

Mit diesen Worten beschrieb US-Präsident Theodore Roosevelt bei seinem ersten Besuch den Canyon. Er ließ bereits 1906 einen Teil unter Schutz stellen.

Der Canyon zeugt nicht von der Macht des Menschen, sondern von der Macht der Erde. Dieser Satz beschreibt den Höhepunkt unserer Reise am treffendsten.

Schweren Herzens trennten wir uns von diesem Wunderwerk der Natur. Wieder mal hieß es Koffer zum Auto schleppen und einen letzten Blick durch das Zimmer werfen, ob ja auch nichts liegen geblieben war. Schnell noch zur nächsten Tankstelle, die Karten heraussuchen und die nächste Tagesetappe festlegen. Unser nächstes Ziel sollte schon wieder ein Ereignis werden.

In Seligmann, einer kleinen, authentischen Route-66-Stadt, herrscht Angel Delgadillo seit 42 Jahren über den Barbiershop, den er von seinem Vater übernommen hat. 1927 wurde er an der Straße geboren und hat sie nur einmal verlassen – um zu heiraten. Schnell ist er dabei, neugierigen Routies über die gute alte Zeit zu erzählen. Wie oft er diese Geschichten wohl schon zum Besten gegeben hat? Bestimmt noch nicht so oft vor Route-Fans aus Deutschland.

»Als in den 30er Jahren die ersten ‚Okies' durch Seligman kamen, haben wir Kinder uns immer über die Autokarawanen lustig gemacht«, erzählt er uns mit einem Grinsen im Gesicht. Mit ihren schrottreifen und geschundenen Autos waren ganze Familien mit ihrem Hab und Gut unterwegs. Oft hatten sie einen Anhänger voll mit Ersatzteilen, Autoreifen und Käfigen mit Hühnern dabei. Die mit zwei Matratzen auf dem Autodach waren die reichen »Okies«, mit nur einer Matratze die armen.

Angel war kaum noch zu bremsen, was wir sicher auch nicht versucht haben. Wir waren ganz heiß auf die alten Geschichten.

Ohne dass wir viele Fragen stellen mussten, beschwor er mit strahlenden Augen das Leben an dieser Straße. Er hat sie alle gesehen. Diejenigen, die sich aus purer Existenznot auf die beschwerliche Reise gemacht habe. Und später diejenigen, die wie wir aus Sentimentalität und Neugierde an seinem Shop vorbei kamen.

Er erzählte uns die gleichen Geschichten, die wir schon in so vielen Interviews mit ihm, in den unzähligen Dokumentationen über die Route, gehört hatten. Zusammen mit Freunden hat Angel Delgadillo 1986 die »Historic Route 66 Association« gegründet und viele Briefe an Politiker geschrieben.

Angels Bruder Juan gehört das Snow Cap Cafe, ein uramerikanisches Drive-In-Lokal. Kaum ein Gast kommt davon, ohne von Juan auf den Arm genommen worden zu sein.«Sorry we are open«, steht groß an der Tür mit einer ganzen Reihe von Türgriffen. Den einzigen, der funktionstüchtig ist, muss man selber herausfinden. Serviert werden die üblichen Highway-Standards, nur mit etwas mehr Witz. Cheeseburger mit Käse, tote Hühnchen, Hotdogs und Eiscreme stehen auf der Speisekarte. Die Eistüte, die die Kundin vor mir bekam, war zirka zwei Zentimeter groß! Sie hatte den Fehler gemacht, ausdrücklich ein kleines Eis zu verlangen. Für jeden Kunden hat er einen passenden Scherz auf Lager und niemand verlässt seinen Laden ohne Tränen vor Lachen in den Augen. Einfach herrlich und ein unvergesslicher Höhepunkt unserer Reise.

Hier habe ich auch mein erstes »Root Beer« getrunken. Es ist unheimlich süß, klebrig und schmeckt penetrant nach Malz. Gehört aber dazu, wenn man auf der Route unterwegs ist. Ich werde es sicher nicht noch einmal trinken.

Nur ein paar Meilen hinter Seligman windet sich die Straße in engen Serpentinen die Black Mountains hinauf zum Sitgreaves Pass. Ein Schlagloch neben dem anderen und kaum befestigte Straßenränder lassen nur erahnen, wie beschwerlich diese Strecke mit den hoffnungslos überladenen Autos gewesen sein muss. Vielen wurde die Steigung zum Verhängnis. Einige konnten den Pass nur im Rückwärtsgang erreichen. Bei anderen rutschte auf der steilen Straße die Ladung von der Ladefläche. Bereits im Morgengrauen machten sich viele auf den Weg, um der sengenden Hitze zu entgehen. Dampfende Kühler und geplatzte Reifen waren an der Tagesordnung.

Um wie viel einfacher hatten wir es doch. Wir waren dem Erfinder der Klimaanlage unendlich dankbar. Trockene und heiße Luft, nur noch Kakteen und niedrige Sträucher am Straßenrand, das Land wurde karger und uns gefiel es immer besser.

In steilen Haarnadelkurven windet sich die Straße an Goldroad, einer alten Goldgräber-Siedlung, vorbei. Nach dem Goldrausch sind nur Ruinen und die verfallenen Schächte übrig geblieben. In den Black

Mountains gab es einst zahlreiche Goldminen. Von dem damaligen Reichtum sind nur Geisterstädte zurückgeblieben, die im rauen Gebirgsklima schnell verfallen.

Über den Sitgreaves Pass ging es weiter, hinunter in die Stadt Oatman. In dieser Stadt wurden einst für zirka drei Millionen Dollar Goldnuggets und Staub gefunden. Heute lebt der Ort von den Touristen, die sicher eine genauso einträgliche Geldquelle darstellen.

Auf der Main Street betteln halbwilde Esel die Touristen an und behindern sehr wirkungsvoll den fließenden Verkehr. Von den Einwohnern werden sie geduldet, da sie durch das gleiche Gesetz geschützt werden wie die wilden Mustangs.

Auch sie sind ein Überbleibsel aus der Zeit des Goldrausches, als sie die Lasten über die Berge getragen und die Goldsucher mit Vorräten versorgt haben.

Einfach zurückgelassen, als sie nicht mehr gebraucht wurden, fristen sie nun ihr Dasein als Touristenattraktion.

Ein kleines Zimmerchen im Oatman-Hotel, das unter Denkmalschutz steht, wird ständig von Touristen belagert. Hier haben Carole Lombard und Clark Gable im Jahre 1939 ihre Hochzeitsnacht verbracht. Sie sind in diesen abgelegenen Ort gekommen, um ihrer Popularität zu entfliehen. Jetzt kommen die Touristen genau deshalb hierher.

Mit knurrendem Magen haben wir den Cactus Joe angesteuert. Ein Restaurant, das um einen Baum herum gebaut ist und super urig aussieht. Bei leckeren Käse-Natchos und einem Eistee haben wir die vielen Visitenkarten gelesen, die überall hingen.

»Hey, schau mal Patti, die Welt ist doch klein«, rief Holger plötzlich. Unter der gläsernen Abdeckplatte unseres Tisches steckte die Visitenkarte eines Reisenden aus der Stadt, in der wir wohnen. Ich habe mich noch den ganzen Tag geärgert, dass wir keine Visitenkarten dabei hatten. Ich hätte auch gern eine hinterlassen.

Gut gestärkt machten wir uns auf den härtesten Abschnitt der gesamten Route – durch die Mojave-Wüste. Die Stadt Needles, sozusagen das Tor zur Wüste, war für uns, wie für alle Route – Reisenden, die letzte Station, um den Proviant zu ergänzen.

Wir waren schon etwas verblüfft, als hinter uns ein Auto mit einem riesigen Motorboot auf einem Anhänger fuhr. Auch in einigen Hofeinfahrten standen nicht zu verachtende Boote. Das Rätsel klärte sich schnell auf. Needles liegt am Colorado River und ist ein Mekka für Motorboot- und Speedbootfahrer. Wer hätte das erwartet, in einer der heißesten und trockensten Gegenden der USA?

Eine von Schlaglöchern zerfressene Straße, heißer Wüstenwind, windschiefe Telegrafenmasten und weit und breit keine Zivilisation – das erwartete uns. Überall wachsen die für die Mojave-Wüste so typischen Joshua Trees und die Teddy-Kakteen. Die heißen so, weil ihre Äste mit einem weichen, weißen Pelz umgeben sind. Aber bitte nicht anfassen, unter dem Pelz sind lange Dornen versteckt. Irgendwo an der Strecke saß ein Truthahngeier mit seinem langen roten und nackten Hals mitten auf der Straße. Ein kleines Tier hatte wohl eines der wenigen Autos übersehen und wurde so zum Festmahl für den Aasfresser. Da er sich von uns nicht stören ließ, mussten wir um ihn herum fahren, konnten ihn aber so ganz aus der Nähe betrachten.

Im heißen Wüstenwind gab es immer wieder Staubwirbel, die wie kleine Tornados aussahen und denen man gelegentlich ausweichen musste. Trockene Mesquite-Büsche kugelten über die Straße und machten die Szene eines Westerns perfekt, nur die Indianer am Horizont waren lediglich in meiner Fantasie vorhanden. Selbst die Klapperschlangen, die sich im heißen Sand sonnten, fehlten nicht.

Ein kaum noch zu erkennender Mittelstreifen und die mit Unkraut zugewucherten Schlaglöcher machten den Verfall deutlich, den wir an der gesamten Strecke sehen konnten. Genau das strahlt aber die Romantik und Nostalgie aus, die wir überall auf dieser Strecke so genießen konnten.

Am Straßenrand schauten uns neugierige Erdmännchen nach. Nur fotografieren lassen wollten sie sich nicht. Immer, wenn wir anhielten, waren sofort alle verschwunden. Die Schildkröte, die ein paar Meilen weiter mitten auf der Straße saß, konnte mir nicht weglaufen und musste für ein Portraitfoto herhalten. Kojoten gab es auch einige, die hoffentlich nicht auf der Suche nach ein paar leckeren Touristen das Gebiet durchstreiften.

Die Landschaft hier ist unwirtlich und hart, aber von kaum vorstellbarer Schönheit: Tafelberge am Horizont, die Wüste flimmert und der Sand leuchtet in unendlich vielen verschiedenen Gelb- und Rottönen. Die Autowracks am Straßenrand mumifizieren hier regelrecht, da sie in der trockenen Luft kaum rosten.

Wenn ich die Schrottautos sah, konnte ich die drohenden Schrecken einer Autopanne nicht aus meinem Kopf verbannen. Nur alle paar Stunden kommt hier, fernab des Interstates, mal ein anderer Reisender vorbei. Was machen, wenn das Auto liegen bleibt?

Wir hatten vorgesorgt: voller Tank, Wasser für den Kühler unseres Autos, etwas zu essen und genügend Wasser zum Trinken für uns beide. Die Strecke wird einmal am Tag vom AAA, dem amerikanischen ADAC, abgeflogen und nach liegen gebliebenen Reisenden abgesucht. Wie tröstlich … – länger als einen Tag muss man in der heißen Einöde nicht aushalten.

Eine Nacht gemeinsam mit Kojoten und Geiern, das wäre bestimmt auch nicht das Abenteuer, nach dem Holger zu suchen scheint.

Die Vorstellung, dass hier Indianerstämme gelebt haben, fiel mir nicht leicht. Auch die nahezu unerträgliche Hitze und der ständige Wasser- und Nahrungsmangel haben sie nicht vor der Gier der Weißen nach Land schützen können. Lange haben die Eroberer auf diesem Land nicht überleben können. Von der Stadt Bagdad blieb nur das Ortsschild übrig. Von vielen anderen Orten ist gar kein Anzeichen mehr zu finden. Die letzten Spuren hat sich schon vor Jahren die Wüste zurückerobert.

Die nächste Ansiedlung, am anderen Ende der Mojave-Wüste, ist Barstow, eine alte Eisenbahn-Stadt, die schon seit jeher von den Durchreisenden lebt. Bereits die ersten Züge aus dem Osten trafen sich hier, um gemeinsam das beschwerliche Stück über die Berge zu meistern. Barstow gehört zu den heißesten Städten der USA. Im Durchschnitt gibt es hier 44°C im Sommer, 50°C sind aber keine Seltenheit.

Und nun Los Angeles! Das Ziel der Okies und auch das der Familie Load aus John Steinbecks Roman. Hier erhofften sie sich Arbeit und ein besseres Leben. Was sie antrafen, war Ausbeutung, waren Hungerlöhne. Und noch lange nicht gab es für jeden Arbeit, der arbeiten wollte. Vor allem diejenigen, die erst später ankamen, hatten es in dem Land, wo angeblich Milch und Honig flossen, nicht besser als in ihrem trockenen Oklahoma.

Je näher wir diesem Moloch kamen, desto häufiger tauchten Orangenplantagen auf. Gleichzeitig war das Land rechts und links der Straße unsäglich vollgerümpelt. Die Vorgärten schienen als privater Schrottplatz genutzt zu werden. Alte Autos von mehreren Generationen lagen hier und warteten darauf, dass sie zu Staub werden.

Langsam wurden die Wohngebiete größer und rückten näher zusammen. Wir kamen der Stadt des Glamour, der Sehnsüchte und der Welt der Reichen und Schönen immer näher. Der Stadt der Engel und zweitgrößten Wüstenstadt der Welt. Sie ist fast ständig von einer dichten Smogschicht bedeckt und sicher der Horror für alle Asthmakranken. 72 Vorstädte umgeben den eigentlichen Stadtkern, durch die auf Autobahnen mit bis zu zehn Spuren Millionen von Autos durch die Stadt fahren.

Los Angeles wurde am 4. April 1781 von spanischen Siedlern gegründet. 22 Männer, 11 Frauen und 11 Kinder ließen sich damals im Indianerland zwischen den Bergen und dem Meer nieder. Sie nannten ihre Ansiedlung El Pueblo de Nuestra Senora la Reina de Los Angeles del Rio Porciuncula (Das Dorf unserer lieben Frau, der Königin der Engel des Porciuncula-Flusses). Dieser Name wurde, wie Sie sich sicher vorstellen können, sehr schnell auf das heutige Los Angeles gekürzt oder noch einfacher L. A.

Heutzutage leben hier ca. 16 Millionen Menschen auf 12 000 Quadratkilometern. Einer Fläche annähernd so groß wie Schleswig-Holstein.

Auf dem Santa Monica Boulevard fuhren wir auf den letzten Kilometern dem Ende der Sixty Six entgegen. Wir waren regelrecht geschockt und enttäuscht. Diese Straße erfüllte auf keinen Fall die Vorstellungen, die wir mit ihrem verheißungsvollen Namen verbanden. Trist, schmucklos und dreckig führt sie fast schnurgerade bis ans Meer. Kaum zu glauben, dass wir immer noch auf der Route 66 waren. Wo waren Flair und Romantik geblieben? Untergegangen im Großstadtdschungel und den heruntergekommen Häusern und Geschäften!

Am Santa Monica Pier endet die »Straße der Sehnsucht«. Wehmütig standen wir vor dem nüchternen Schild, das uns sagte, dass wir am Ziel waren.

Unser Hotel war nicht gerade leicht zu finden. Mit einer Stadtkarte, in die nur jede zehnte Straße eingezeichnet war, fuhren wir suchend unserer letzten Übernachtungsstation entgegen. Das Hotel hat den ersten schlechten Eindruck von der Stadt wieder gutgemacht. Es lag nur eine Querstraße vom Meer entfernt, direkt im Zentrum des Stadtteils Santa Monica.

Am nächsten Morgen haben wir die Stadt fluchtartig verlassen und sind direkt in die Santa Monica Mountains gefahren. Nach der Einsamkeit der Wüste konnten wir die vielen Menschen in dieser unvorstellbar großen Stadt nicht ertragen. Einfach nur weg, raus aus der Stadt in Natur und Einsamkeit.

Insgesamt wollten wir drei Tage in der Gegend bleiben. Es blieb also noch genug Zeit diese Stadt zu erkunden.

Unterwegs auf der Wüstenpiste in New Mexico

Blue Swallow Hotel in Tucumcari

Überreste aus besseren Zeiten

El Rancho Hotel in Gallup

Versteinerter Baum im Petrified Forest

Die bemalte Wüste »Painted Desert«

Wigwams aus Beton in Holbrook

So fantastisch ist der Grand Canyon

Der Grand Canyon, aus jedem Blickwinkel grandios

Die wilden Esel in Oatman

Im Cactus Joe gibt es leckere Natchos für hungrige Reisende

Auf dem Walk of Fame in Hollywood

Am nächsten Tag waren wir besser auf Los Angeles eingestimmt und machten uns zuerst auf zum Meer. Ein paar Stunden am Strand von Santa Monica – was verband ich nicht alles für Vorstellungen damit! Breite Sandstrände und viele flippige und etwas schräge Menschen.

Und Baywatch natürlich! Viel zu viele Folgen dieser Fernsehserie hatte ich gesehen. Wie der Strand waren auch die Wachhäuschen der Rettungsschwimmer genauso wie im Film. Nur entsprachen die Rettungsschwimmer wenig dem Aussehen von Pamela Anderson und David Hasselhof. Der für unseren Strandabschnitt Zuständige war nicht mehr der Jüngste, hatte eine Glatze und einen deutlichen Bauch. Ich war schwer enttäuscht.

Entschädigt hat uns dann der Spaziergang auf der Standpromenade nach Venice Beach und Muscle Beach. Hier zählt nur eines – sehen und gesehen werden. Hier zeigen sich die Schönen und die, die sich für schön halten. In Openair-Fitnessstudios stählen Bodybuilder ihre Muskeln und minimal bekleidete Strandschönheiten (männlich und weiblich) flanieren an den Geschäften entlang. Die Menschen genießen das »easy going«, das schöne Leben.

Ein Paradies für alle, die wie wir gerne schauen und lästern.

Nach einem Tag am Strand war noch ein Tag für Sightseeing geplant.

Der Rodeo Drive, diese sündhaft teure Konsummeile und die Stadtteile Beverly Hills und Bel Air standen auf unserem Programm. Mehrmals waren Straßen gesperrt und wir mussten Umwege machen, weil gerade gedreht wurde. Die Filmindustrie ist allgegenwärtig.

Ich musste unbedingt zum Hollywood Museum, das stand von Anfang an fest. Dort sind Originalrequisiten aus vielen Filmen ausgestellt. Unter anderem aus Star Trek die Brückenkulisse von USS Enterprise. Ich habe im Sessel von Captain Jean-Luc Picard gesessen! Die neidischen Blicke, wenn ich das anderen Enterprise-Fans zu Hause erzähle, finde ich immer wieder herrlich.

Auf dem Walk of Fame, entlang des Hollywood Boulevards, habe ich auch sofort den Stern des Star-Trek-Raumschiff-Captains gefunden.

Den Hollywood-Schriftzug auf dem Hang des Mount Lee haben wir leider nicht gesehen. Wie fast das ganze Jahr über war er hinter den Smogwolken verschwunden. Ursprünglich war dieser Schriftzug als Werbung für einen Immobilienmakler gedacht und hieß Hollywoodland (Stechpalmenland). Die Buchstaben verwitterten und die letzten vier fielen ab. Der Rest wurde restauriert und dient nun als Werbung für die Stadt.

Jetzt war sie unweigerlich zu Ende, unsere Reise in die Vergangenheit der Vereinigten Staaten von Amerika. Was für ein tolles Gefühl, diese berühmte Straße gemeistert zu haben. Wie einfach und bequem hatten wir es aber dennoch gehabt, im Gegensatz zu den Reisenden und Flüchtlingen der ersten Jahre. Wir wussten es jetzt zu würdigen, was die Menschen in ihrer Verzweiflung geleistet, welche Risiken und Entbehrungen sie auf sich genommen hatten, um für sich und ihre Kinder eine bessere Zukunft zu ermöglichen.

Nicht überall konnten wir wirkliche Unterschiede zur Gegenwart feststellen. In den Metropolen und großen Städten haben Fortschritt und Technik natürlich Zeichen hinterlassen. Am ländlichen Amerika und in einigen kleinen Orten ging vieles nahezu spurlos vorbei. Sogar die großen Fastfood-Ketten haben so einige Winkel noch nicht entdeckt.

Wie weit das Verharren in der Vergangenheit geht, zeigen einige merkwürdige Gesetze, die immer noch gültig sind. Mich bringen sie immer wieder zum Schmunzeln.

Hier eine kleine Auswahl:

| | |
|---|---|
| Alaska | Es ist verboten, lebende Elche aus sich bewegenden Flugzeugen zu stoßen. |
| Tombstone Arizona | Es ist für Personen über 18 verboten, mehr als einen fehlenden Zahn beim Lächeln zu zeigen. |
| Chico, Kalifornien | Wer innerhalb der Stadt eine atomare Waffe zündet, wird mit einer Geldstrafe in Höhe von 500 Dollar belegt. |

| | |
|---|---|
| Florida | Wird ein Elefant an einer Parkuhr angebunden, so ist die gleiche Gebühr wie für ein Fahrzeug zu zahlen. |
| Chicago | Es ist nicht gestattet zu fischen, während man auf dem Hals einer Giraffe sitzt. |
| Baltimore | Es ist verboten, einen Löwen mit ins Kino zu nehmen. |
| Tulsa, Oklahoma | Getränkeflaschen dürfen nur unter Aufsicht eines zugelassenen Ingenieurs geöffnet werden. |
| Racine, Wisconsin | Es ist verboten, einen schlafenden Feuerwehrmann zu wecken. |

Und so weiter, und so weiter …

Hat das wirklich mal einen praktischen Nutzen gehabt?

Trotz aller Unterschiede zwischen Stadt und Land sind die Menschen aber überall gleich: freundlich, offen, hilfsbereit und optimistisch. Die Amerikaner leben im Heute. Probleme, die morgen auftreten könnten, interessieren auch erst morgen. Es wird nicht jede Eventualität vorausgeplant und für alles vorgesorgt.

Die nicht vorhandene Selbstkritik macht das Leben ebenfalls erheblich einfacher. Mit der Kritik an der eigenen Regierung wird allerdings nicht gespart, aber wehe, ein Fremder wagt ein Wort der Kritik am Präsidenten!

Die Nationalhymne »Star-Spangled-Banner« ist Ausdruck von Stolz und nationaler Identität. Sie fehlt bei keiner noch so unbedeutenden Veranstaltung. Viele legen ihre rechte Hand aufs Herz, wenn die Hymne gespielt wird. Für die Cowboys ist dies einer der wenigen Gründe den Hut abzunehmen. Genauso bedeutend ist der Fahneneid. Jeder Amerikaner kann ihn auswendig. Zu Beginn jedes Schultages wird er genauso gesprochen wie bei vielen offiziellen Anlässen. Er steht für die Ideale der Gründerväter, die Prinzipien der Verfassung und die vier großen Freiheiten, die für jeden Amerikaner von Bedeutung sind:

die Freiheit zu reden, die Freiheit der Religion, die Freiheit der Wünsche und die Freiheit ohne Angst leben zu können.

*Ich schwöre die Treue auf die Fahne der Vereinigten Staaten von Amerika und auf die Gesellschaft, für die sie steht.*
*Eine Nation, unter Gott, untrennbar, mit Freiheit und Gerechtigkeit für alle*

*(Übersetzung des Fahneneides)*

Ich hoffe, ich konnte Ihnen mit dieser Auswahl unserer Reisen und Erlebnisse etwas von den schönen Seiten Amerikas zeigen.

Bewusst habe ich viele negative Dinge nicht erwähnt, auch wenn dadurch alles etwas einseitig wird. Die Sehnsucht nach diesem Land zieht uns immer wieder über den »großen Teich«, und lässt uns die unangenehmen Sachen schnell verdrängen.

Mit diesem Buch möchte ich auch anderen Menschen dieses Land näher bringen und vielleicht habe ich Sie neugierig gemacht.

## *God bless America*

*O, say can you see by the dawn's early light.*
*What so proudly we hailed at the twilight's last gleaming?*
*Whose broad stripes and bright stars through the perilous fight,*
*O'er the ramparts we watched were so gallantly streaming?*
*And the rocket's red glare, the bombs bursting in air.*
*Gave proof through the night that our flag was still there.*
*O, say does that star-spangled banner yet wave*
*O'er the land of the free and the home of the brave?*


*Oh, sag, was du sehen kannst in der täglichen Morgendämmerung,*
*was so stolz den Kugelhagel des letzten Abendrotes überstanden hat?*
*Dessen deutliche Streifen und große Sterne dem gefährlichen Kampf*
*trotzten,*
*und wir haben gesehen, wie es wie ein Schutzwall über uns weht.*
*Und die Raketen, rot glänzend, die Bomben explodieren in der Luft,*
*kündigen an, dass diese Nacht unsere Flagge vernichten wird.*
*Oh, sag mir, ob dieses Sternenbanner weiter wehen wird, über dem Land*
*der Freien und der Heimat der Tapferen?*

*(Übersetzung der 1. Strophe der National-Hymne der Vereinigten Saaten*
*von Amerika »Star-Spangled-Banner«)*

# Danksagung

Mein besonderer Dank gilt meinem Mann für seine technische Unterstützung. Er war immer zur Stelle, wenn ich mit meinem Computer mal wieder auf Kriegsfuß stand. Außerdem hat er mehrmals als »Möchtegern«-Held herhalten müssen.

Und natürlich auch meiner Familie und meinen Freunden.

Sie haben all die Jahre meine ständigen Schwärmereien über die Vereinigten Staaten und unsere Reisen mit unendlicher Geduld ertragen und tun es immer noch ohne zu murren.

Sie haben Unmengen von Fotos angeschaut und immer interessiert genickt (zumindest sah es für mich so aus), wenn ich stundenlang erklärte, was wir gesehen und erlebt haben.

Nicht vergessen möchte ich auch alle, die die verschiedenen Abschnitte zur Probe gelesen und kommentiert haben.